MINISTÈRE DE L'INSTRUCTION PUBLIQUE
ET DES BEAUX-ARTS.

LES LOIS COLLÉGIALES

DE

L'ACADÉMIE DU BÉARN

(1568-1580).

PUBLIÉES POUR LA PREMIÈRE FOIS
AVEC UNE INTRODUCTION HISTORIQUE ET DES NOTES,

PAR

PAUL DE FÉLICE,

PASTEUR, DOCTEUR EN THÉOLOGIE.

PARIS.

IMPRIMERIE NATIONALE.

M DCCC LXXXIX.

LES LOIS COLLÉGIALES

DE

L'ACADÉMIE DU BÉARN.

MINISTÈRE DE L'INSTRUCTION PUBLIQUE
ET DES BEAUX-ARTS.

LES LOIS COLLÉGIALES

DE

L'ACADÉMIE DU BÉARN

(1568-1580),

PUBLIÉES POUR LA PREMIÈRE FOIS
AVEC UNE INTRODUCTION HISTORIQUE ET DES NOTES,

PAR

PAUL DE FÉLICE,

PASTEUR, DOCTEUR EN THÉOLOGIE.

PARIS.

IMPRIMERIE NATIONALE.

M DCCC LXXXIX.

AVANT-PROPOS.

Les *Lois collégiales* (c'est le nom que leur donne un contemporain) de l'Académie protestante du Béarn sont publiées ici pour la première fois.

Promulguées en 1568, puis complétées quelques années plus tard, elles étaient considérées depuis longtemps comme définitivement perdues.

Une heureuse circonstance nous en ayant fait rencontrer une copie authentique [1], à laquelle de fortes présomptions nous permettent d'assigner la date de 1580, il nous a semblé d'autant plus intéressant de les publier que l'Académie du Béarn est la plus ancienne des académies protestantes de langue française, à l'exception de celle de Genève, et ces *Lois collégiales* le plus ancien document du genre, après l'*Ordre du Collège de Genève*.

Le lecteur trouvera donc dans les pages suivantes, après une introduction consacrée à l'histoire même de l'Académie du Béarn, telle qu'on peut la reconstituer à l'aide de trop rares sources manuscrites contemporaines et de monographies plus récentes, et dont nous donnons ci-après la liste, une reproduction aussi exacte et une traduction aussi fidèle que possible de la copie manuscrite de 1580.

---

[1] Elle se termine ainsi : *Veu par Segur Pardeilhan.* Il s'agit de Jacques de Ségur, sieur de Pardeilhan ou Pardaillan, surintendant de la maison du roi de Navarre et membre du Conseil privé. Cf. *France protestante*, 1re édit., art. *Ségur.*

Les principales sources manuscrites ou imprimées qui ont servi à l'introduction et aux notes sont les suivantes : 1° le registre dit *le Martinet*, coté AA 1 aux Archives municipales d'Orthez. Il contient une copie de tous les arrêts et documents anciens les plus importants concernant la ville. M. Ad. Planté, ancien député et maire d'Orthez, dont l'extrême complaisance a grandement facilité nos recherches, a extrait du *Martinet* tout ce qui concernait l'Université du Béarn et l'a publié avec beaucoup de soin dans un ouvrage intitulé : *L'Université protestante du Béarn. Documents inédits du xvi⁰ siècle* (Pau, Léon Ribaut, 1886); 2° les *Registres des délibérations des jurats d'Orthez*, cotés BB 2, 3, 4, 5, etc. Le registre BB 1 manque malheureusement et le registre BB 2 remonte à peine à 1575; 3° le *Libre des Arrests de Lescar*, coté FF 1 aux Archives municipales de cette ville. M. Hilarion Barthéty, avocat à Lescar et auteur de monographies estimées sur l'histoire du Béarn, notamment d'une étude sur *L'Ancien collège de Lescar* (Pau, Vignancour, 1872), a bien voulu nous communiquer les extraits de ce *Libre des Arrests* concernant l'Académie. Il se propose de les publier prochainement; 4° le *Registre de la Chambre ecclésiastique de Béarn* (1570-1575), conservé à la Bibliothèque de l'histoire du Protestantisme français.

Comme sources imprimées, nous n'avons à citer, en dehors de l'ouvrage de M. Ad. Planté déjà mentionné et d'ouvrages plus généraux, tels que l'*Inventaire sommaire des Archives des Basses-Pyrénées*, de P. Raymond, l'*Histoire de Béarn et de Navarre*, de Nicolas de Bordenave, publiée par la Société de l'histoire de France, l'*Étude sur les Académies protestantes* (thèse de doctorat ès lettres), de M. le pasteur D. Bourchenin (Paris, Grassart, 1882), et la *Discipline ecclésiastique du pays de Béarn*, publiée par M. le pasteur Ch.-L. Frossard (Paris, Grassart, 1877), que l'*Étude sur l'Académie protestante d'Orthez*, de M. le pasteur Lourde-Rocheblave, dans le *Bulletin de la Société de l'histoire du Protestantisme français*, en 1885, et l'*Étude sur l'Académie d'Orthez*, de M. le pasteur Joseph Coudirolle (Orthez, Goude-Dumesnil, 1885). Cette dernière monographie, de 100 pages environ, est à la fois beaucoup plus étendue et beaucoup plus complète que la précédente. Elle se termine par des listes assez considérables de professeurs, de régents et d'élèves de l'Académie, et constitue, avec l'ouvrage de M. Planté, l'une des deux sources imprimées principales de l'histoire de l'Université béarnaise.

LES LOIS COLLÉGIALES

DE L'ACADÉMIE PROTESTANTE DU BÉARN.

INTRODUCTION.

Une des premières préoccupations — la seconde après la pré-
dication même de la doctrine — de ceux qui dirigèrent le mouvement religieux du xvie siècle fut de créer des écoles populaires
ou savantes et d'en rendre, autant que possible, la fréquentation
obligatoire[1]. C'est ainsi qu'en France, et malgré leur situation
toujours plus ou moins précaire, les réformés créèrent, dès qu'ils
le purent, et maintinrent, tant que l'autorité leur en laissa la possibilité, au moins une petite école ou école primaire par paroisse,
au moins un collège par province ecclésiastique[2] et un nombre
suffisant d'académiés.

En cela, ils obéissaient à la fois à une nécessité inhérente à
leurs principes, puisque tout réformé était appelé à avoir, dans
la mesure du possible, une foi personnelle et éclairée; et à cette
prescription formelle de leur *Discipline ecclésiastique :* « Les Églises
feront tout devoir de faire dresser des escoles, et donneront
ordre que la jeunesse soit instruite[3]. »

Les limites nécessaires de cette introduction ne sauraient nous
permettre d'entrer dans des détails, même succincts, sur l'orga-

[1] On sait que dès 1524 Luther demandait l'instruction obligatoire et que,
en France, la noblesse des États d'Orléans, aux deux tiers protestante, émettait
un vœu analogue en 1560.

[2] Au point de vue religieux protestant, la France avait été divisée en pro-
vinces ecclésiastiques. Il y en avait seize en comptant le Béarn.

[3] *La Discipline des Églises réformées de France, ou L'Ordre par lequel elles
sont conduites et gouvernées*, chap. 11, *Des Escoles*, art. 1er.

1

nisation de ces diverses institutions scolaires. Aussi nous bornerons-nous à renvoyer le lecteur, désireux de les connaître, à l'ouvrage si nourri de faits de M. le pasteur D. Bourchenin, afin de nous en tenir à cela seul qui est indispensable pour montrer ce qu'il faut entendre par une Académie protestante et par conséquent par l'Académie protestante du Béarn. Nous en raconterons ensuite sommairement l'histoire agitée, quoique relativement fort courte.

I

On vient de voir que les réformés avaient créé des petites écoles, des collèges et des académies, en d'autres termes, l'enseignement à ses trois degrés. Il importe d'ajouter maintenant que s'il y avait des collèges sans académie, il n'y avait point d'académie sans collège. L'une était le prolongement, l'épanouissement de l'autre. Cela est si vrai que, pour désigner l'Académie du Béarn, par exemple, les mots *collège* et *université* sont employés indifféremment dans les titres [1].

De nombreuses mentions des *Registres de la Jurade d'Orthez* montrent, en outre, que la petite école, ou école primaire, faisait, elle aussi, partie intégrante du collège. Lors des incessantes pérégrinations de l'Académie entre Orthez et Lescar, on voit l'école primaire disparaître dès que le collège revient, et reparaître dès qu'il part [2].

Une académie de plein exercice comprenait donc l'enseignement à ses trois degrés : la petite école et le collège avec les régents et un principal ; l'académie proprement dite, c'est-à-dire les professeurs publics et le recteur. Nous laissons à parler, bien entendu, des fonctionnaires subalternes et de divers accessoires. On verra,

[1] P. Raymond, *Inventaire sommaire des Archives des Basses-Pyrénées*, t. III, p. 147, n. 3.

[2] Ainsi, par exemple, le 12 août 1591, les jurats d'Orthez cherchent des régents pour les enfants de la ville, parce que l'Université a été transportée à Lescar en juillet. *Registres de la Jurade d'Orthez*, à la date. — En 1609, l'Université étant de retour, les régents sont déchargés de leurs fonctions. *Ibid.*, à la date. — A Lescar, il n'en est pas autrement.

par les *Lois collégiales*, qu'il y avait, théoriquement tout au
moins, des professeurs publics de grec, de théologie, d'hébreu,
de philosophie ou arts, de mathématiques, de médecine et de jurisprudence dans l'Académie du Béarn. Elle était donc, en somme,
une vraie université, et elle le fut surtout en 1583, lorsqu'elle
reçut, avec le nom même d'Université, le droit de conférer tous
les grades en toutes sciences [1].

Toutes les académies réformées de France furent organisées, à
quelques nuances près, sur ce même patron, et si, par la force
des choses et la modicité de leurs ressources, elles durent res-
treindre momentanément le nombre de leurs chaires et celui de
leurs professeurs, en principe et en attendant des jours meilleurs,
elles restèrent de vraies universités. Ces jours meilleurs, on le
sait, Louis XIV les écarta à jamais. Il est permis de le regretter,
non seulement au point de vue réformé, mais aussi au point de
vue national. Il suffit de voir, pour s'en convaincre, ce que sont
devenues les universités de Strasbourg et de Genève, types de nos
académies réformées françaises, et qui ont pu l'une et l'autre, la
seconde surtout, se développer librement.

Au contraire, n'est-il pas triste de constater que, de toutes les
académies de langue française issues du mouvement pédagogique
inauguré par Jean Sturm à Strasbourg, ou transformées par lui,
une seule, celle de Genève, qui ne fut pour ainsi dire jamais
française, ait survécu et prospéré? Que sont devenues les académies de Sedan, d'Orange, du Béarn? ou encore celles de
Nîmes, de Montpellier, de Montauban-Puylaurens, de Saumur
ou de Die? Elles ont commencé par vivre et prospérer, puis elles
ont végété et sombré, les unes, lorsque les principautés indépen-
dantes où elles avaient été établies sont devenues françaises,
comme celle du Béarn, notamment; les autres, à mesure que la
réaction catholique s'accentuait davantage. Encore une fois, il est
permis de regretter cet appauvrissement national, d'autant plus
que cette perte a été sinon irréparable, du moins, le plus souvent, irréparée [2].

[1] Voir l'Appendice.

[2] En parlant ainsi, nous n'oublions pas, cela va sans dire, les réserves né-

II

C'est à Lescar qu'il faut chercher le point de départ de l'Université d'Orthez. Siège de l'un des deux évêchés du Béarn, cette petite ville, aujourd'hui chef-lieu de canton de l'arrondissement de Pau, possédait dès longtemps un collège, « qui ne fut pas sans renommée », paraît-il [1]. Il est probable cependant que les titres à cette renommée étaient assez effacés en 1549, lorsque Henri d'Albret II, roi de Navarre, et surtout sa femme, Marguerite d'Angoulême, l'illustre sœur de François Ier, tentèrent de lui donner, avec des ressources et une direction nouvelles, une vie plus intense. « Du temps du feu roi Henri et reyne Margalite ayeuls de Sa Majesté, lisons-nous dans un document de 1568 [2], à la solicitation des estas et inclination naturelle des susdits princes roy et reyne amateurs de religion, vérité et piété, il feust advisé de ériger un collège en ce pays souverain pour rejeter l'ignorance du milieu de leur peuble, qui ne s'estoit adonné que bien peu à la cognoissance des letres. Et s'estant informés amplement de la comodité et incomodité des lieux pour l'establissement d'iceluy, ils choisirent la ville de Lescar, comme estant la pluus propre pour y ériger ledict collège, et ordonnoirent que les régens entretenus en iceluy seroient agaigés du revenu de la commanderie de *Lespiaus*, qui est près d'à une lieue de la susdicte ville de Lescar, et que la disme de Morlane, membre de ladicte commanderie, leur seroit entièrement donnée. Ce qui fust exécuté. »

Malheureusement Marguerite mourait le 21 décembre, laissant l'œuvre inachevée, et rien à notre connaissance ne permet de supposer que Henri d'Albret s'en soit beaucoup occupé. Aussi bien était-ce Marguerite, plutôt que son mari, qui favorisait les idées

cessaires relativement à Montpellier et à Montauban, et nous ne pouvons que renvoyer à l'ouvrage de M. Bourchenin ceux que les mots « appauvrissement national » surprendraient.

[1] Planté, *L'Université protestante du Béarn*, p. 7. Cf. Hilarion Barthéty, *L'Ancien collège de Lescar.*

[2] *Lo diser per escriut et productious feytes per los jurats de Lescar*..... (17 février 1568). Cf. Planté, p. 91 et 93.

nouvelles [1] et par conséquent le développement de l'instruction. Quoi qu'il en soit, les mesures déjà prises ne restèrent pas sans résultat, et le collège de Lescar était dans un état assez florissant, lorsque, quatorze ans après, il subit des transformations nouvelles et autrement profondes, et reçut une impulsion aussi décisive que bienfaisante.

En 1555, après la mort de Henri d'Albret, Jeanne d'Albret, sa fille, épouse d'Antoine de Bourbon, montait sur le trône. Antoine de Bourbon ne nous arrêtera pas longtemps. Resté célèbre par ses fluctuations religieuses, ses mœurs relâchées, sa faiblesse et sa crédulité politiques et ses malheurs immérités, ce prince, brave homme au demeurant, si l'on en juge par sa correspondance avec sa femme [2], ne fut pas à la hauteur de la situation troublée des temps où il vivait, et n'accomplit aucune œuvre durable. Au contraire, lorsque Jeanne d'Albret, femme bien autrement énergique et intelligente que son mari, eut adhéré ouvertement à la Réforme (Noël 1560) et qu'elle se fut entourée d'hommes éminents venus de Genève et d'ailleurs, on put augurer que d'importants changements allaient se produire [3].

Ce ne fut pas toutefois avant la mort de son mari (novembre 1562) qu'elle mit résolument la main à l'œuvre [4], et, en ce qui concerne le collège de Lescar, il faut descendre jusqu'au mois de juillet 1563, pour trouver les premières traces d'une transformation du collège. Le ministre de Genève, Raymond Mer-

---

[1] Léon Cadier, *Documents pour servir à l'histoire de la Réforme en Béarn*, dans le *Bulletin de l'histoire du Protestantisme*, année 1885, p. 259. — Dans la *Vie de Thomas Platter*, écrite par lui-même (Genève, Fick, 1862), p. 67, on lit : «La même année (vers 1529) arriva (à Bâle) un Français, envoyé par la reine de Navarre, à cette fin d'apprendre l'hébreu.» Faut-il croire que la reine de Navarre avait déjà de vastes projets et l'idée d'une Université béarnaise? ou songeait-elle à son Université de Bourges? En tout cas, le détail nous a paru mériter d'être cité.

[2] *Lettres d'Antoine de Bourbon et de Jehanne d'Albret*, publiées pour la Société de l'histoire de France, par le marquis de Rochambeau (Paris, 1877).

[3] C'est bien 1560 et non 1561. Voir Léon Cadier, *op. cit.*, p. 259.

[4] N. de Bordenave, *Histoire de Béarn et de Navarre*, publiée pour la Société de l'histoire de France, par P. Raymond (Paris, 1873), p. 114. Antoine de Bourbon mourut le 17 novembre (et non pas septembre, comme le dit Bordenave) 1562

lin, avait été chargé d'organiser la Réforme en Béarn. L'un des
« poincts » sur lesquels il appuya fut les écoles et le collège que la
reine désirait « dresser en ce pays ». Et il ajoute dans la lettre à
Calvin, à laquelle nous empruntons ce détail : «En ce poinct, je
me remets en tout au collège de Genève, excepté qu'il faut qu'on
entretienne icy des escholiers aux dépends de l'Église : en cela je
monstre quelle discipline on y pourra garder [1]. »

En 1564, le collège est transformé et tous les régents appar-
tiennent à la Réforme. Nous le savons par les plaintes de certains
habitants de Lescar, qui déclarent ne plus pouvoir envoyer leurs
enfants dans une institution dirigée par des réformés; et par les
régents eux-mêmes, qui se plaignent de n'avoir que trop peu d'é-
lèves. Le comte de Grammont, lieutenant général de la reine,
alors absente, est prié par les régents de venir faire une enquête
sur place et, dans le cours de la discussion, Bernard de Sorberio,
premier jurat ou consul de la ville, déclare que les habitants pré-
fèrent voir le collège quitter Lescar, plutôt que d'être obligés d'y
envoyer leurs enfants. Le lieutenant général en réfère alors à sa
souveraine, qui décide le transfert du collège à Orthez, et fait in-
timer aux Jacobins de cette ville, dès le 14 décembre 1564,
l'ordre de quitter leur couvent. A peine les Jacobins se sont-ils
retirés chez les Cordeliers d'Orthez, comme ils en ont sollicité
et obtenu l'autorisation, qu'on procède à l'aménagement de leur
couvent en vue de sa nouvelle destination [2].

Les Lescariens, parmi lesquels se trouvaient déjà un assez
grand nombre de réformés, se montrèrent fort peu satisfaits de
ce résultat. Ils désavouèrent Sorberio et firent des démarches
immédiates et pressantes pour faire revenir la reine sur sa décision. Ces démarches restèrent vaines et le collège fit son premier
voyage de Lescar à Orthez. Toutefois, en 1567 (1568 n. s.), après
des demandes réitérées, ils obtinrent une nouvelle enquête, sous
la présidence de Guilhem Dareau, conseiller et avocat général

---

[1] *Corpus Reformatorum. Joannis Calvini opera*, ed. Baum, Cunitz et Reuss,
t. XX, p. 85 et suiv. Lettre de Merlin à Calvin, du 23 juillet 1563.

[2] Planté, p. 12, 97 et 98.

de la reine et président de sa Chambre des comptes. Il nous suffira de dire pour le moment, au sujet de cette enquête, qu'elle n'aboutit pas et que le collège resta momentanément à Orthez.

A quel moment précis y était-il arrivé? Les historiens dont nous résumons les travaux indiquent l'année 1566. Ils s'appuient principalement sur le document suivant, assez important et assez court pour trouver place ici, mais dont ils nous semblent méconnaître le vrai sens. C'est un extrait des ordonnances royales publiées en 1566 :

« Et pour ce que nous désirons infiniment donner tous les moyens que nous pourrons à ce que la jeunesse de nostre pays soit mieux instruite qu'elle n'a esté par le passé, afin qu'elle puisse servir à l'avenir au publicq, Nous avons ordonné et ordonnons que de horesnavant, au collège de nostre ville d'Orthez, sera entretenu certain nombre d'escoliers, avec pention importante, qui leur sera donée par le publicq à la discrétion et advys du Conseil ecclésiastique de nostredit pays, auquel nous mandons de promptement y pourveoir et nous advertir incontinent après de l'ordre qu'ils auront donné à l'exécution du présent artigle. Et néanmoins, afin que les susdits escoliers ne demeurent sans chef, nous avons dit et disons qu'il sera cherché par les universités de Paris, Poytiers, Bourges et autres lieux que faire se pourra ung personnaige qui puisse prudemment s'acquitter de la charge de principal chef et économe [1] du collège de nostre dite ville d'Orthez. Auquel la dite charge sera baillée ensemble des régens avec luy pour instruyre et enseigner aux enfants les lettres, bonnes mœurs et discipline, lesquels nous voulons estre examinés par les ministres de nostre pays de leur foy et doctrine et reçus au collège par nos juges du lieu, à ce que l'enseignement et instruction qu'ils donneront aux enfants soit correspondants à la parole de Dieu [2]. »

A notre avis, ce document a trait non au transfert même du collège, mais à sa transformation en Académie, et nous avançons d'un an au moins l'établissement du collège à Orthez. En effet, dans l'enquête de février 1567 (1568 n. s.), Bernard de Sorberio,

[1] Plus tard le principal et l'économe seront deux personnes distinctes.
[2] Planté, p. 37; Coudirolle, *Étude sur l'Académie d'Orthez*, p. 70.

qui devait le savoir mieux que personne, dit que le collège a été transféré à Orthez « depuis trois ans ou environ » [1]. Et d'autre part, dans des *Remonstrances* faites en 1579 par les jurats d'Orthez, nous lisons : « Et prumcrament, playra advisar cum en l'an mil cinq cent sixante et sieyz a sa M** playou de erigir en lo present pays ung college per aqui (là) estar recebuts tant los havitans deu present pays que autres estrangers per estar enseignats en toutes sciences divines et humaines. Et a daqueres fys (à ces fins) ab mature deliberation et conseils y esten cometuts et recebuts personadges doctes tant en las lengues hebraïques, greeques et latines que aussi en las sciences de théologie, philosophie, arismatique, musique que autres sciences humaines... [2]. » Évidemment il s'agit ici d'une Académie et non plus seulement d'un collège proprement dit. Enfin cette opinion est confirmée par les termes mêmes d'un arrêt donné par Henri de Navarre à Mazères, le 6 mai 1579, et rétablissant le collège à Orthez. Cet arrêt parle, il est vrai, du collège institué et établi en l'année 1566, mais ajoute que la reine l'avait pourvu « tant de principal que de regens et *professeurs* » [3]. Nous pensons donc qu'il avait été transporté à Orthez dès 1565 et qu'il y fut transformé en Académie en 1566.

En 1568, nouvelle transformation, ou plutôt nouveau développement, qu'il ne faut pas attribuer, avec M. Lourdes-Rocheblave, à une augmentation de ressources provenant « des biens ecclésiastiques, que Jeanne fit saisir pour punir le clergé d'avoir conspiré contre elle avec les Espagnols », puisque cette saisie n'eut lieu que l'année suivante [4], mais bien à la prospérité croissante de la jeune Académie. Des chaires nouvelles (médecine, juris

---

[1] Déposition du 27 février 1567 [1568 n. s.], où il dit que le collège qui avait été à Lescar « entio pot haber tres ans ou environ fo transmudat à Orhez ». Planté, p. 124.

[2] *Remonstrances feytes per los Jurats d'Orthez*, en 1579. Planté, p. 29 et suiv.

[3] *Arrest donat per lo Rey*, Planté, p. 75.

[4] Lourdes-Rocheblave, *Académie protestante d'Orthez*, dans le *Bulletin de l'histoire du Protestantisme*, année 1855, p. 283. M. Léon Cadier reproduit l'ordonnance du comte de Montgommery, du 2 octobre 1569, prescrivant la saisie des biens ecclésiastiques « sauf et réservez les bénéfices des patrons lais, qui ne seront tombez en crime de lèze-majesté... ». Cf. *Bulletin*, 1886, p. 114.

prudence) seront créées, sinon immédiatement pourvues et un règlement spécial sera composé pour la jeune Académie. Ce sont nos *Lois collégiales*, que nous savons être, en effet, les premières en date [1].

En 1583, nouveau progrès : l'Académie, par un édit de Henri III de Navarre (IV de France), en date à Pau au mois de septembre, est érigée en Université. Elle obtient la collation de tous les grades en toutes sciences et particulièrement en théologie, une chancellerie et un sceau, le personnel nécessaire au service intérieur, un imprimeur et une bibliothèque. Celle-ci n'est, il est vrai, que le prolongement de la bibliothèque de l'Académie, dont le « commencement » avait été, comme on le verra plus loin, « les livres dès longtemps acheptez des héritiers de feu Monsieur de Viret », le célèbre réformateur, moyennant la somme de 300 livres tournois [2].

Est-ce à dire que toutes les chaires mentionnées dans les *Lois collégiales* de 1568 aient été pourvues alors, ou en 1583, ou à aucune époque? Nous n'oserions l'affirmer et la pénurie des documents connus est telle qu'il n'est pas possible de le savoir [3]. On serait plutôt en droit de conclure des documents existants que s'il y eut des professeurs publics de théologie, de philosophie ou arts, de grec, d'hébreu, de mathématiques, et peut-être de médecine, il n'y en eut jamais de jurisprudence. De même il paraît probable que les chaires pourvues de titulaires ne le furent pas toujours toutes à la fois, et qu'à aucune époque de sa courte existence, l'Académie de Béarn ne fut, en fait, une académie de plein exercice [4].

[1] *Déposition de maistre Jean Ribitus, dit de la Rivière*, en 1579. Il dit à propos des *Lois collégiales* (car c'est lui qui les appelle ainsi): « Telles lois furent establies à Orthez par la feue Reyne de bonne mémoire, et publiées l'an mil cinq cent soixante huit. » Planté, p. 46.

[2] Voir Appendice. Dans le *Registre de la Chambre ecclésiastique*, on voit qu'ils furent achetés vers le 30 avril 1573, et payés à sa fille vers le 19 août, lors de son mariage avec Daniel Laville. C'est en effet Viret, et non Rivet, qu'il faut lire.

[3] Raymond, *Inventaire sommaire*, p. 147.

[4] M. Coudirolle, *op. cit.*, p. 43, n. 6, reproduit le reçu suivant : « A M⁰ Pierre

Il pouvait difficilement en être autrement, car si courte qu'ait été l'existence de cette Académie, elle fut encore plus tourmentée.

III

Jeanne d'Albret avait d'abord, suivant l'expression de l'historien Bordenave, « deffavori » la Réforme. Mais lorsqu'elle l'eut embrassée, elle entra à pleines voiles dans cette voie nouvelle. Elle fit venir des ministres, pour les mettre « aux lieux où il avoit plus de gens faisans profession de la religion réformée... [1], interdit les prédications aux moines et aux prestres les processions..., fit abbattre les images de l'église cathédrale de Lesca et de la parochiale de Pau et fit faire le mesmes quelque temps après par toutes les principales villes du pays [2], laissant toutesfois la messe et tout l'office romain aux autres lieux, où tous ceux qui vouloient pouvoient aller en toute liberté et seurté ». D'autre part, elle organisa la Réforme et réunit à Pau, en septembre 1563, un synode où « fut dressé un cors de dissipline ecclésiastique ». Enfin, « pour l'entretènement du ministère et du collège dressé en la ville de Lesca, elle imposa 15,000 livres sur le clergé, desquelles Antoine de la Rose (trésorier de la reine) fut esleu receveur par le synode, en titre de diacre général des Églises réformées de Béarn » [3]. Quelques années plus tard, pour la gestion des biens saisis sur le clergé, on adjoignit au diacre général un procureur

Noguès, médecin, la somme de deux cens livres tournois, à luy ordonnades par l'explication de las partides de la phisique dépendentes de la théorique de médecine, 8 juin 1601 » (*Archives des Basses-Pyrénées*, D 1). Nous donnons en appendice la liste des professeurs et régents, d'après MM. Couditrolle et Planté.

[1] L. Cadier, *p. cit.*, p. 259 : « La Réforme avait pénétré de bonne heure en Béarn, grâce à la protection accordée aux idées nouvelles par Marguerite d'Angoulême, sœur de François Ier et femme de Henri II d'Albret, roi de Navarre. »

[2] Malheureusement la reine ne suivit pas, à cette occasion, le conseil de son ministre Raymond Merlin, qui lui disait « d'envoyer soudain par tout le pays des commissaires qui missent par inventaire les reliques et les documens des églises, à ce que rien ne se perdist. Je ne le luy peux jamais persuader, qui a esté cause qu'on en a esgaré plusieurs, lesquels on ne scauroit sçavoir ny recouvrer ». *Corpus Reformatorum*, loco cit., col. 87.

[3] Bordenave, *op. cit.*, p. 117.

ecclésiastique et neuf économes, formant le Conseil ou Sénat ecclésiastique. Les membres de ce Conseil, qui comptait deux ministres, étaient réélus tous les ans en synode et « confirmez et autorisez par la reine ». Seuls, le diacre général et le procureur étaient élus pour trois ans. Enfin, chaque année, le synode nommait douze délégués pour examiner les comptes du diacre : deux gentilshommes, deux membres du Parlement, deux membres de la Chambre des comptes, deux jurats des villes, deux ministres et deux diacres des Églises particulières. Quant aux biens administrés par le Conseil, « ils fournissaient, dit M. Lourdes, le salaire des professeurs et l'entretien de cent places d'écoliers, tant auditeurs que proposants (étudiants en théologie à la veille de terminer, ou ayant même juste terminé leurs études et pouvant déjà prêcher, ou proposer), dont dix étaient nommés par la reine, trente par les colloques et soixante par le Sénat, sur la présentation de patrons laïques » [1].

Pour en revenir maintenant, et après une digression motivée par les allusions contenues dans les *Lois collégiales*, aux mesures prises par Jeanne d'Albret, elles ne pouvaient manquer de provoquer des luttes. « Or d'autant, dit encore Bordenave, que la reine taschoit d'amener le peuple à sa religion, il se roidissoit davantage contre icelle, y estant secrettement incité par les prestres et quelques uns de la noblesse..... [2] » Les troubles commencèrent, on peut le dire, dès 1563 et surtout dès 1566, et toute l'histoire du Béarn, toute celle de son Académie, vont dépendre de ces luttes religieuses. Celle de l'Académie en dépendra même doublement. Non seulement, en effet, elle aura à souffrir des péripéties de la guerre, mais elle subira le contre-coup des luttes d'influences.

Ce n'est pas que nous allions jusqu'à dire avec M. Lourdes, au sujet des nombreuses pérégrinations de l'Académie de Lescar à Orthez, ou d'Orthez à Lescar, que la rivalité entre les deux villes en cachait une plus profonde entre les deux cultes, Orthez étant

[1] Bordenave, p. 322, 323; Lourdes, *op. cit.*, p. 283; Coudirolle, p. 47; *Registre Chambre eccl.*, séance du 24 octobre 1571.

[2] Bordenave, p. 118; L. Cadier, *op. cit.*, p. 262.

« la Genève » et Lescar « la Rome du Béarn ». S'il en était ainsi, on ne s'expliquerait pas que des ministres tels que Viret, Nicolas des Galars et autres aient si fortement plaidé pour Lescar. Mais, d'un autre côté, si le motif constamment invoqué en faveur de cette ville est la proximité de Pau, où résident plusieurs membres des États et plusieurs hauts fonctionnaires, qui désirent voir leurs enfants s'éloigner d'eux le moins possible; ou encore la possibilité de mieux surveiller le collège depuis Pau, il n'en reste pas moins certain que des motifs d'ordre religieux ont leur place bien marquée dans ces débats. Ainsi, et pour n'en donner que ces deux preuves, la première translation à Orthez marque la défaite du parti catholique, et le triomphe définitif du catholicisme en 1620 amène la suppression de l'Académie [1].

Le seul fait de guerre que nous ayons à mentionner ici est la prise d'Orthez, par Terride. Envoyé de France au secours des catholiques du Béarn, il entre dans cette ville le 15 avril 1569, réintègre les Jacobins dans leur couvent et en chasse l'Académie. Mais, le 11 août suivant, le comte de Montgommery, envoyé au secours de Bernard d'Arros, lieutenant général de Jeanne d'Albret, rentre à Orthez à la suite d'une campagne si rapide et si brillante que Montluc lui-même ne peut s'empêcher de l'admirer [2]. Malheureusement, si la convention consentie par Terride, lors de son entrée, avait été, au dire de l'abbé de Poeydavant, « peu soigneusement gardée », les réformés, à leur tour, abusèrent tout autant de leur victoire. Les Jacobins furent massacrés, paraît-il, et bien d'autres avec eux sans doute, puisque la peste éclata dans la ville [3]. Inutile d'ajouter que l'Académie ne pouvait se reconstituer dans de telles conditions.

Le fait est qu'on n'en entend plus parler jusqu'au 15 décembre 1569. Ce jour-là, Claude Glosat, instituteur à Lescar, adresse une pétition au Conseil ecclésiastique, aux fins d'obtenir une

[1] Lourdes, *op. cit.*, p. 288.
[2] « Il faut confesser, dit-il, que de toutes nos guerres, il ne s'est faict un plus beau trait de guerre que cesluy-cy. » *Commentaires*, t. II, p. 142, édit. de Lyon, Clésinet, 1593.
[3] Planté, p. 18; Lourdes, p. 284.

jussion aux jurats de Lescar d'accommoder le logis du chanoine
Casenave en vue d'une petite école. Et le Conseil refuse parce
qu'il « seroit bon de restablir le college aud. Lescar par manière
de provision, jusqu'à ce que la Reyne en ait autremant ordonné ».
En même temps on prend les mesures nécessaires pour retenir à
Lescar les régents qui s'y étaient retirés, et on convoque « Mrs Solon
et Salettes, ministres, d'autant qu'ils faisoient la charge de principal dernièrement au collège à Orthès, pour informer ce Conseil
des choses profitables aud. collège ». Le 2 février, les mesures sont
prises pour loger les régents actuellement à Lescar et pour faire
revenir ceux qui étaient restés ou rentrés à Orthez. Le 23 février,
le Conseil décide que le collège sera ouvert le 1er mars, toujours
par manière de provision et en « attendant autre desclaration par
la Majesté de la Reyne », et que « sera crié et publié ledit transport
(du collège à Lescar) par toutes les villes, bources et lieux accous-
tumés du présent pays de Béarn ». Effectivement le collège s'ouvre
vers le 1er mars [1].

Cependant les Orthéziens ne restent pas inactifs. Tout d'abord
ils s'opposent, le 1er mars (1569 1570 n. s.), à ce que les régents transportent d'Orthez à Lescar les livres et meubles du collège, et même les leurs propres. Le Conseil les condamne, le
2 mars, non seulement à autoriser ces « charrois », mais encore à
le faire eux-mêmes [2]. Ils s'adressent ensuite aux lieutenants généraux de la reine. Mais ceux-ci décident que le collège restera
à Lescar [3]. Enfin ils s'adressent à la reine elle-même. Celle-ci,
par lettres patentes du 26 novembre 1571, leur donne gain de
cause et ordonne « que le collège..... ousté et transporté en
celle (ville) de Lescar..... à raison tant des derniers trobles
survenus en nostre dit pays que par la peste..... soit retourné
et demeure en nostre dite ville d'Orthez » [4].

[1] Le *Libre des Arrests de Lescar*, aux dates indiquées.

[2] Le *Libre des Arrests de Lescar*, à la date, et dans Planté, p. 28, l'*Acte de
protestation feyt par los Jurats d'Orthez*, le 1er mars 1569 (1570 n. s.).

[3] Le *Libre des Arrests de Lescar*, à la date du 13 avril 1570, « attendu aussy
que Messieurs les lieutenans généraus ont accordé que led. collège seroit continué
aud. Lascar..... ».

[4] Planté, p. 25. *Patente obtengude par les Jurats et havitans de la ville*

Le jour même où elle signait ces lettres patentes, Jeanne d'Albret quittait le Béarn pour n'y plus rentrer. Elle entreprenait le fatal voyage qui devait aboutir au mariage de son fils avec Marguerite de Valois et à ces noces vermeilles du 24 août 1572, qu'on ne lui laissa pas même le temps de voir.

Cependant le principal et les régents ne s'étaient point hâtés d'obéir aux ordres de la reine. Ils avaient usé de moyens dilatoires et le Conseil les avait approuvés [1]. Il fit plus. Il s'adressa, tant en son nom qu'au nom des «jurats, principal et régents», au jeune prince Henri de Navarre, nommé par sa mère lieutenant général du royaume, et obtint une ordonnance, en date à Pau le 1er février 1572, portant «que ledit collège cy-dabant laissé à Lescar demeurera en ladicte ville jusques au prochain sinode, que les ministres de la parole de Dieu assemblés donneront plus certain advys à la royne sa mère et au susdict seigneur de la pluus grande commodité ou incommodité qui sera pour l'instruction des enfans et du bien publicq, establi ledict collège en l'une des susdictes villes de Lescar ou d'Orthez» [2]. La réponse du synode nous est inconnue. En attendant, le collège reste provisoirement à Lescar.

Ce provisoire dure environ huit ans. Car les événements se précipitent. Le 11 avril 1572, le contrat de mariage de Henri III de Navarre avec Marguerite de Valois est signé à Paris; le 9 juin, Jeanne d'Albret meurt à Blois; le 17 août, ont lieu les fiançailles du jeune couple au Louvre; le 18, leur mariage à Notre-Dame; le 24, la Saint-Barthélemy; le 16 octobre, paraît un édit du roi de Navarre interdisant l'exercice du culte réformé en Béarn; partout la guerre recommence et le roi de Navarre reste plus ou moins volontairement prisonnier de la cour jusqu'en février 1576. Puis il s'enfuit, guerroie, mène une vie dissolue, et il faut attendre jusqu'au 13 août 1578, pour trouver une ordonnance nouvelle

d'Orthez de la deffuncte Johane Rejine de Navarre dame souvirane de Bearn de gloriose memory... Cf. Coudirolle, p. 71.

[1] Le *Libre des Arrests de Lescar*, à la date du 2 janvier 1572. C'est la date réelle, et à partir de ce moment on ne date plus en *vieux style*.

[2] Planté, p. 101.

concernant la vieille querelle de Lescar et d'Orthez. Par cette
ordonnance datée de Montauban, le roi donne commission à Armand de Gontant, seigneur de Saint-Geniez et d'Audaux, sénéchal de Béarn, de faire une enquête *de commodo et incommodo* et
d'examiner les titres et droits respectifs des deux villes rivales à
posséder l'Académie. Cette enquête, sur laquelle nous revenons
plus loin, tourne au profit d'Orthez et, le 6 mai 1579, un arrêt
ordonne le second transfert de l'Académie dans cette ville. Mais
on ne se presse pas d'obéir et il faut, pour décider le personnel
enseignant à quitter Lescar, des lettres patentes en date à Nérac
le 11 août 1579. Les professeurs et régents réussissent à gagner
quelques semaines en invoquant le trouble que ce voyage va provoquer dans les études et les pertes qu'ils subiront à cause de
leurs baux et de leurs provisions tant en vivres qu'en vin. Enfin,
le 16 septembre, les jurats d'Orthez peuvent prendre les mesures
relatives aux bouviers qui feront les «charrois» des meubles,
livres, provisions, etc., le jeudi ou le vendredi suivant, et l'Académie rentre à Orthez. Il faut toutefois descendre jusqu'au
23 octobre pour trouver dans les registres de la jurade la mention
positive de sa présence dans cette ville [1].

Il semblait qu'après la solennelle enquête de 1579 et l'érection,
en 1583, de l'Académie en Université, cette institution aurait dû
rester désormais définitivement fixée dans sa nouvelle résidence.
Il n'en est rien. Dans toutes les sessions des États, la question revient sur le tapis et les mêmes insistances se manifestent, toujours
à cause de la distance qui sépare Orthez de Pau. Les jurats d'Orthez résistent de leur mieux, mais leur cause ne tarde pas à être
perdue. Dès le 22 mai 1588, on constate, au conseil de ville,
que Catherine de Navarre, régente pour son frère, a promis aux
États que le collège reviendrait à Lescar. Deux ans plus tard, le
28 avril 1591, un arrêt ordonne au collège de quitter Orthez.
Les moyens dilatoires ordinaires sont employés en vain et, le
20 juin, les jurats sont avertis que la volonté formelle de «Ma-
dame» est que le collège soit à Lescar le 1er juillet. Les profes-

[1] Planté, p. 29 à 91. *Registres de la Jurade d'Orthez*, aux dates du 16 septembre et du 23 octobre 1579.

seurs et régents sont même déjà partis pour chercher des logements, et les écoliers, livrés à eux-mêmes, mettent tout en pièces. Le 25 juillet, le collège vide d'habitants est pourvu d'un gardien. Enfin, le 23 août, l'école primaire et ses régents y sont réinstallés.

Les jurats n'en continuent pas moins leurs démarches. Ils en appellent au roi de Navarre. Mais celui-ci, par lettres patentes en date à Rouen le 15 janvier 1592, confirme l'arrêt de sa sœur [1].

Du reste, le roi semble se désintéresser de son Université et peu à peu tout y diminue : nombre et gages des professeurs, nombre des élèves pensionnés, descendu de cent à trente. Pourtant, en 1599 — nous le savons par une procuration du recteur et des professeurs de l'Université du Béarn, donnée à quelques-uns d'entre eux pour intervenir auprès du roi et réveiller sa bienveillante sollicitude [2] — le corps enseignant compte encore, outre les régents des diverses classes, depuis la huitième [3] jusqu'à la seconde, un recteur, un principal, des professeurs de grec, d'hébreu, de philosophie, d'éloquence et de théologie. « Mais déjà la bonne fortune des premières années n'est plus..... La situation allait toujours en empirant. En 1603, les réformés du pays adressèrent au roi un cahier de doléances, qui nous révèle les atteintes déjà portées à l'institution. Par un règlement antérieur on avait supprimé une partie des professeurs. Le salaire de ceux qui étaient maintenus et les pensions des étudiants avaient été considérablement réduits. Aussi les élèves manquaient-ils des ressources nécessaires....... Les protestants demandaient que les choses fussent remises en l'état primitif. Le roi voulut que le nombre des étudiants pensionnés demeurât fixé à trente..... Le libraire fut définitivement supprimé..... [4]. »

Ce n'était pas seulement la faute du roi ; c'était surtout celle des circonstances. Elles avaient singulièrement changé depuis

---

[1] Lourdes, p. 288. *Registres de la Jurade d'Orthez*, aux dates suivantes : 22 mai 1588, 20 juin, 25 juillet, 21 et 23 août 1591.

[2] Coudirolle, p. 79 ; Planté, p. 133.

[3] Les *Lois collégiales* ne parlent point de la huitième. La plus basse classe était la septième.

[4] Lourdes, p. 289, 290.

quelques années. Peu à peu le catholicisme reprenait la haute main en Béarn et le clergé rentrait en possession de ses biens. Les fonds faisaient dès lors défaut pour l'entretien de l'Université et, en attendant de périr, elle ne faisait plus guère que végéter.

En 1609, nouveau changement. Déplacée une dernière fois, l'Université rentre définitivement à Orthez. Ce n'est du reste pas pour longtemps, puisque, quelques années après, elle disparaît pour toujours. «En 1620, dit M. Planté, le roi Louis XIII, entrant en Béarn, rétablissait la religion catholique, réunissait le Béarn à la France et supprimait l'Université d'Orthez [1]. » En effet, l'un emportait l'autre.

Les motifs du dernier exode de l'Université n'ont pas encore été indiqués. Ils sont cependant assez curieux à connaître. Dès 1607, les incessantes démarches des Orthéziens avaient pris une tournure plus favorable, malgré les non moins incessants efforts des jurats de Lescar. On voulait en haut lieu le rétablissement du culte catholique à Orthez. Pour dorer la pilule (qu'on nous passe cette expression familière) aux jurats d'Orthez, on fit miroiter à leurs yeux le retour éventuel de l'Université. Ce retour se serait-il réellement effectué? Nous l'ignorons, car il y fallut deux ans entiers. Mais, en 1609, Orthez trouva un allié puissant dans la personne des chanoines de Lescar. Ceux-ci voulaient récupérer leurs maisons occupées par le collège et les membres du corps enseignant. Ils poussèrent donc à la roue, sûrs d'avance que l'Université ne les gênerait pas longtemps, et Orthez obtint gain de cause. Le roi donna des lettres patentes et, vers le mois de juin 1609, elles étaient enfin obéies [2].

Sur la suppression elle-même, en 1620, on nous permettra de citer les lignes suivantes d'un contemporain :

«Ceux (les capitaines et soldats du roi) d'Orthez contraignent à toute force les escholiers de s'agenouiller devant la croix, (ce) qui est cause que plusieurs pères en ont retiré leurs enfans, et par ce moyen ont rendu le collège presque désert.

[1] Planté, p. 23.

[2] *Registres de la Jurade d'Orthez,* 3 septembre 1607, 3 avril, 19 et 21 juin 1609. — Le *Libre des Arrests de Lescar,* 8, 13 et 19 juin et 2 juillet 1609.

« Aussi est-ce le dessein des ennemis de la Religion (réformée) de la ruiner entièrement, ainsi qu'ils ont publié par un livret imprimé à Tolose, intitulé : *Le Roy en Béarn*, ès termes qui s'ensuivent. Pages 18 et 19 : Le Roy, non content d'avoir mis ordre aux affaires de l'Estat et restabli celles de la Religion, voulut aussi pourvoir à l'instruction de la jeunesse, qui est le fondement de l'un ou de l'autre. A ces fins estant adverti que la reyne Jeanne avoit jadis fondé à Orthez l'Université tenue par des Régens de la Religion prétendue, la plupart estrangers, pour estre le séminaire des ministres et une perpétuelle pépinière de l'hérésie, qu'elle avoit tant à cœur, considérant aussi que c'estoit une chose du tout indigne de Sa Majesté très-chrestienne, de maintenir ceste fondation selon le premier dessein, au préjudice de sa conscience, qui luy deffend de contribuer directement de ses deniers à l'éducation de la jeunesse en la Religion qu'il abhorre, jugea qu'il estoit nécessaire de pourvoir à tel inconvénient par des moyens efficaces et doux, ainsi qu'il avait projetté de son pur et plein mouvement, avant son arrivée.

« A ces fins, et à la réquisition de Messieurs les Evesques du pays, assistés du corps des Catholiques, il ordonna que désormais il y eust en l'une des meilleures villes, et des plus propres à cet effect, un collège des Pères de la compagnie de Jésus, pour y faire profession de toutes les bonnes lettres, et contre-quarrer l'hérésie [1]. »

En effet, deux ans plus tard (1622), les Jésuites fondèrent un collège à Pau, et cent ans plus tard une nouvelle Université fut établie dans la même ville. Elle comprenait une faculté de droit et une faculté des arts. Dans la suite, on y adjoignit une faculté de théologie [2]. Cette université s'éteignit en 1790, après une existence aussi paisible qu'incolore.

Après la suppression de 1620, les protestants du Béarn essayèrent de ressusciter leur académie. Le synode général des Églises réformées de France de 1631 recommanda aux députés

---

[1] [Paul de Lescun?] *La Persécution des Églises dans la Souveraineté de Béarn.* Montauban, 1621, p. 15 et 16.

[2] Raymond, *Inventaire sommaire*, t. III, p. 148.

généraux en cour d'appuyer les requêtes des Églises du Béarn, qui la redemandaient. En 1644, un synode provincial du Béarn revint à la charge, offrant même de l'entretenir aux frais des Églises.... Ces efforts n'aboutirent à rien. C'était fini et bien fini. Au triomphe définitif de la réaction catholique avait correspondu la ruine définitive de l'ancienne Université royale du Béarn[1].

IV

Il eût été naturel, dans le cours de cette introduction, d'étudier les *Lois collégiales* au point de vue pédagogique ; de dégager les principes qui ont présidé à leur rédaction ; de montrer toute la place que l'éducation y occupe, à si juste titre, à côté de l'instruction proprement dite, et de signaler, notamment, à l'attention du lecteur, combien, en Béarn, comme à Strasbourg, comme à Genève, comme dans tous les établissements d'instruction primaire, secondaire ou supérieure, issus du mouvement pédagogique protestant, inauguré, comme nous l'avons déjà dit, par le plus illustre pédagogue du xvie siècle, Jean Sturm, le principe fondamental est bien la *pietas litterata*, et non pas seulement la piété sans les lettres, ou les lettres sans la piété.....

Mais comme nous voulons rester sur le terrain purement historique, nous avons préféré consacrer quelques pages à des détails d'un genre différent et se rapportant à la vie de tous les jours.

Accordons tout d'abord un juste tribut d'éloges aux jurats des deux cités rivales, et particulièrement à ceux d'Orthez, dont les délibérations nous ont été conservées. On ne peut les parcourir sans être frappé du zèle qu'elles témoignent en faveur de l'Académie. Surtout s'il s'agit de la recouvrer, la question revient à chaque instant sur le tapis, et les représentants de la ville aux États de Béarn ont un mandat aussi constant qu'impératif. Au reste, ni démarches, ni frais ne sont épargnés. Faut-il députer en Cour, à Nérac, à Paris, ou ailleurs, ou simplement à Pau, auprès du lieutenant général ou du Conseil ecclésiastique ? faut-il

[1] Lourdes, p. 292 ; Coudirolle, p. 28.

offrir des présents à des personnages influents? faut-il faciliter
la vie matérielle des professeurs et régents, réparer leurs logements particuliers ou les bâtiments du collège? les jurats donnent aussitôt un avis favorable et, s'ils n'ont pas de ressources
disponibles, contractent un emprunt. Dès qu'il s'agit «deu feyt
deu colledge», comme ils disent, rien ne parait leur coûter [1].
Parfois même, si les élèves n'ont pas reçu en temps utile l'argent
nécessaire pour payer leur pension, les jurats (on le verra tout
à l'heure) n'hésitent pas à l'avancer. Un tel zèle et un si bel
exemple méritaient certainement d'être cités.

Dans les discussions entre Orthez et Lescar, le grand cheval de
bataille était certainement les enquêtes *de commodo et incommodo*.
En effet, les droits respectifs des deux villes étant sensiblement
égaux, chacune d'elles prétendait présenter le plus d'avantages
matériels. Aussi sollicitaient-elles à tour de rôle des enquêtes
destinées à l'établir.

Nous avons déjà mentionné ces diverses enquêtes à leur date.
Il y en eut une en 1564, qui aboutit au transfert à Orthez; une
seconde en 1568, qui n'aboutit à rien; une autre (est-ce bien
certain?) en 1572; enfin une dernière en 1579. De la première
et de la troisième il ne reste rien; de la seconde, seulement la
partie favorable à Lescar [2]; la dernière, de beaucoup la plus importante, nous a été conservée entière. Nous allons donc en donner

[1] La seule note discordante se trouve dans les dépositions de certains professeurs ou régents qui, interrogés à Lescar sur l'opportunité du retour à Orthez,
paraissent insinuer que l'une et l'autre des deux villes, mais surtout Orthez,
qui, étant plus riche, pourrait faire plus, ne sont pas assez disposées à recevoir
«de pauvres escoliers à pention franche». Cf. Planté, p. 64, 68, 69, 70, 71
et 72.

[2] Elle eut lieu en février-mars 1567 (1568 n. s.), sous la présidence de
Guilhem Dareau, conseiller et avocat général de la reine et président de la
Chambre des comptes. On y entendit (et leurs dépositions ont été publiées par
M. Planté, p. 91 à 126), outre les jurats: MM. *Jean de Salettes*, premier pré-
sident et maître des requêtes de Sa Majesté; *Guill. de la Vigne*, second président;
Jean de Bordenave, Arnaud de Caze, Bernard de Pocy, Arnaud de Tisnès, con-
seillers de la reine; *Pierre Viret, Pierre Martel, Michel de Vignaus* [*Vigneau*],
Pierre du Boys, ministres de la parole de Dieu; *Pierre de Saint-Martin*, audi-

quelques extraits afin que le lecteur puisse se rendre compte de ce qu'elles étaient, de la manière dont elles étaient faites et des objets sur lesquels elles portaient. Ces extraits sont empruntés à la publication, déjà citée avec de justes éloges, de M. Ad. Planté.

Donc, le 24 mars 1579, en vertu de la commission royale à lui donnée en date à Montauban le 13 août 1578, Armand de Gontaut, seigneur de Saint-Geniez et d'Audaux, conseiller au privé conseil du roi et sénéchal de Béarn, « estant en cette ville d'Orthez pour thenir les assises », et de ce requis par les consuls de cette ville, commença son enquête, après avoir invité les consuls (jurats) et autres déposants à écrire leurs dépositions.

« Et après avoir invoqué le nom de Dieu, nous avons commencé (c'est lui qui parle) à procéder à la dite commission, nous estant transportés aux dits Jacopins, qui jadis souloient estre en la présente ville, où ledit college par la feue Reine avait été institué et avons trouvé au dessus de la porte les carmens latins en la forme, qui sont cy dessoubs insérés :

De illustrissimae Reginae studio et in suos Bernenses
munificentia XIIII cal. apr. 1566.

Lethe jam Stigius, malusque sacros
Cum ritus veterum obruisset, atque
Has Orcus nimis occupasset aedes,
Musarum vi trepidus chorus lateret,
En tandem Altitonans parit Minervam;
Orci quae famulos potens fugavit,
Et quae somniferas reflexit undas.
Mox, vixtrix, revocat novem sorores,
Parnassum spoliat sacraque turba;
Hic, post, Castalius negat liquorem,
Versus nam refluat jubet Pirenes
Quod Bernae populorum sitire nolit.
Sic Jana Orthesii novas Athenas
Princeps instituit, decusque avorum
Auget, sic patriam nitere curat,
Aeternumque meret perita nomen [1].

« Et de là entrasmes dans les lougis des susdits jadis Jacoupins

teur à la Chambre des comptes; *Daniel Loyard*, marchand de Pau, et *Bernard de Sorberio*, avocat au conseil.

[1] Voici la traduction proposée par M. Lourdes : « *Témoignage de l'affection et de la munificence de la très illustre reine envers ses chers Béarnais*. Tandis que le

où il y a une assez belle court en longueur touteffois quelque peu
estroite et par le derrière un beau et grand jardin et ung puys, qui
ne tarit point, à ce que nous feusmes informés, de beaux claustres
pour faire sept classes pour les recteur et professeurs, cuysines
et seliers requis, et plusieurs chambres ou souloit estre le dortoir
des susdits Jacopins, comme il y a en telles maisons ordinairement. »

Cela fait, Armand de Gontaut prend connaissance des *Remonstrances* des jurats d'Orthez et entend les dépositions, préalablement
écrites, de gens « non suspects ». Ce sont maître *Jehan Ribitus*,
dit de la Rivière, d'Orléans, docteur en médecine, aujourd'hui
fixé à Bayonne, mais qui a été premier régent et principal du
collège, tant à Orthez qu'à Lescar ; *Bernard Colomiès*, conseiller
du roi ; *Jehan du Fraixe* (ou Frèche), conseiller et maître des requêtes, et *François de Meuilh*, procureur général.

Ces dépositions ouïes, il se transporte à Lescar le 28 mars et
là il fait assembler d'abord les jurats, puis les recteur, principal,
professeurs et régents dans la maison commune, pour les inviter
à écrire leurs dépositions. Ensuite, « après avoir invoqué le nom
de Dieu », il va visiter le collège, « où il y a une grande et belle
bassecourt cernye d'ung costé de assez belles sept classes, ung
couble de salles pour la lecture des professeurs, et de tous austres
coustés la dite bassecourt cernye de plusieurs beaux lougis qui
jadis souloit estre aux chanoynes, et ung beau clouastre pour le
proumenoir des enfans et en oultre tous les lougis qui cernyt
ladite bassecourt, il y a ung grand corps de lougis qui regarde sur
la plaine, lequel tient de l'autre cousté aux clouastres, lequel

Léthé infernal et perfide avait fait tomber dans l'oubli les rites sacrés des
anciens, et que le dieu des sombres bords avait trop longtemps occupé cette
demeure, tellement que le chœur des muses s'était caché plein d'effroi ; voici
qu'à la fin Jupiter enfante Minerve qui, puissante, a mis en fuite les familiers de
l'enfer et a fait reculer les ondes assoupissantes. Victorieuse, elle rappelle bientôt
les neuf Sœurs et dépouille le Parnasse de la troupe sacrée. Là, désormais, la
fontaine de Castalie refuse le tribut de ses eaux, car la déesse lui ordonne de
les faire refluer vers les Pyrénées, parce qu'elle ne veut pas que le peuple de
Béarn en soit altéré : ainsi Jeanne, la première, fonde à Orthez une nouvelle
Athènes, et accroît l'honneur de ses aïeux ; ainsi elle prend soin d'illustrer sa
patrie et sait mériter un renom éternel. » *Op. cit.*, p. 282, note.

seul corps de lougis seroit assez suffisant pour un collège. Et en oultre, après avoir oultrepassé les clouastres y a deux ou trois beaux lougis sans comprendre le château où souloit louger l'Evesque, qui y est d'abundant. Bref, il y a telle quantité de lougis qu'il suffiroit pour ung beaucoup plus grand collège que celui qu'a present y est..... »

La visite du collège est terminée. Il s'agit d'entendre les témoins. Pour faciliter leur tâche et peut-être aussi la sienne, Armand de Gontaut a fait rédiger un questionnaire, auquel il faudra répondre par écrit. Ce questionnaire le voici :

« Pour sçavoir la comodité ou incomodité des dites deux villes enquis comme s'ensuit :

« Quelle est des deux la pluus saine?

« Quelle est celle qui est pluus logeable pour recepvoir enfans et du pays et estrangers?

« Quelle des deux est mieulx pourveue de soucieté civile, où les pentions peuvent être à meilleur prix?

« En laquelle il y a le pluus de vivres?

« En laquelle abordent pluus de gens et laquelle est pluus peublée?

« Où il y a pluus d'enfants qui suyvent les lettres?

« Quelle est mieulx pourveue de marchandisses?

« Quelle est mieulx pourveue de chair et de poisson?

« Quelle est la pluus riche pour recebvoir de pauvres escoliers à pention franche?

« Quel lieu est le pluus propre pour collège, ou celuy où il est à présent à Lescar, ou le lieu où il souloit estre à Orthez?»

C'est à ce questionnaire que répondent *Nicolas des Galars*, seigneur de Saule, ministre de la parole de Dieu et professeur en théologie; *Robert Constantin*, baron de Gimat, principal et professeur au collège; *Bernard*, sieur *de Melet*, ministre de la parole de Dieu et recteur; *Claude de la Grange*, professeur en grec; *Gratien de Saint-Goadains* (Gaudens), « professeur ès letres hébraïques »; *François de Moncaup*, régent de la 1re classe; *Pierre Puyol*, régent de la 4e; *Pierre Sossi*, régent de la 3e; *Massi Gasnault*, « escripvain au collège »; *Pierre de Laage*, professeur de musique, et *Arnaud Sanseyts*, régent de la 5°. Entrer dans le détail de ces dépositions et de celles d'Orthez nous entraînerait trop loin. Heureusement M. de Saint-Geniez, ou son greffier, les a fort bien résumées dans sa sentence du 5 avril, et nous demandons la permission de faire cette dernière citation. Elle est un peu étendue, mais elle donne une idée exacte de la vraie situation et, à ce titre, elle clora avantageusement ce que nous nous proposons de dire sur les enquêtes.

« Parquoy est-il que ce jourd'huy cinquiesme d'avril, an susdict mil cinq cent septante et huit [neuf], après avoir visité les susdites villes et lieux destinés pour le collège en icelles pour obéyr au commandement qui nous est faict, avons devant le Dieu vivant et sans passion dict et déclaré cy après ce qu'avons cogneu et cognoissons des susdites villes.

« Et premièrement elles sont toutes deux le long du gave béarnoys, toutesfois celle de Lescar ayant une pluus belle veue que celle d'Orthez et mieulx accompagnée de fontaines, et celle d'Orthez, pluus près de la grande rivière. Quant à la bonté de l'air, laquelle des deux doibt estre la plus saine, je laisse cela à juger aux médecins pour n'estre du mestier.

« Quand à la grandeur des susdites deux villes, il y a trop de différance, estant celle d'Orthez sans comparaison pluus grande et pluus logeable que celle de Lescar. Et y a pluus de gens de qualité et de souciété civile.

« Pour la quantité des vivres qui peult estre en l'une et en l'autre elles sont bien assises toutes deux pour en estre bien pourveues, toutesfois c'est chose trop certaine que où il y abunde pluus de mangeurs, il y aborde par conséquant pluus de vivres. C'est hors de doute que oultre le peuple qui est à Orthez, qu'il y a pluus de fréquentations d'estrangers que en celle de Lescar.

« Et aussy qu'estant celle d'Orthez pluus grande et publée que celle de Lescar, qu'il y a par conséquant en icelle plus d'enfans dans ladicte ville pour estudier qu'audict Lescar.

« La ville d'Orthez estant plus riche que celle de Lescar a pluus de marchands traficants et tenant botigues de toutes sortes de marchandises.

«Je tiens qu'estant toutes deux voisines comme elles sont, qu'elles peuvent estre en [mesme] comodité de chairs, mais du poisson frais et salé, il fault nécessairement qu'il passe à Orthez pour aler à Lescar et par conséquent ladicte ville d'Orthez.....[1]

«Et les susdites deux villes estant en mesme volonté de doner des pentions franches aux escoliers estrangers et prester aux escolie.s tant du présent pays que forains ce qu'ils auroient de nécessité, lorsque par leurs parents les moyens qu'ils leur donnent seroyent retardés, c'est une chose certaine que estant Orthez la pluus riche elle le pourroit mieulx faire.

«Quand à la commodité pour le lieu du collège qui est en l'une et l'autre ville, j'avoue que je ne soye pas pour en donner beaucoup d'adbys, encore que j'aye esté quelquefois escolier où j'ai presque mal profité, je dirai seulement qu'un collège debvroit estre tout à un enclos, ce que n'est pas celui de Lescar. Il est vrai que la massonnerie du collège de Lescar est pluus belle que celle d'Orthez et les classes pluus clauses, mais les classes des professeurs sont pluus belles à Orthez qu'à Lescar. Ledit collège de Lescar est en pluus belle assiette que celui d'Orthez et logeable, et celui d'Orthez fort ruyné. Toutesfois les consuls de cette ville promettent de le réparer, mais à condition qu'ils ayent le collège, et le rendre logeable. Toutesfois je tiens que celui de Lescar soit considéré pluus logeable que non pas celui d'Orthez.

«Et pour la commodité des forains et estrangers de cette souviranité, il est certain qu'Orthez est pluus près des frontières du royaume de France, ayant pluus voisines les villes d'Ax, de Bayonne, de St-Sever et aussi de tous les pays de la Chalosse, que la ville de Lescar, laquelle est pluus loing de la frontière. Il est vrai que de son cousté elle est pluus près des contés d'Armaignac et de Bigorre que celle d'Orthez, et est au milieu du pays de Béarn.

«Qui est tout ce que je pourrois donner d'intelligence à Sa Majesté de la comodité des susdites villes......»

On sait quelle fut la décision de Sa Majesté et qu'Orthez obtint

----

[1] Cette phrase semble ne pas être terminée. Nous la donnons telle que le *Martinet* et, d'après lui, M. Planté, l'ont donnée.

gain de cause. Étant donné le terrain de l'enquête, il n'en pouvait ni devait être autrement.

V

Il ne nous reste plus maintenant, et avant d'en venir aux *Lois collégiales* elles-mêmes, qu'à réunir dans un dernier paragraphe les trop rares détails de la vie intérieure de l'Académie qu'il nous a été possible de recueillir, en dehors de ceux que fournissent les *Lois* elles-mêmes. Encore ne pourra-t-il s'agir que de la vie intérieure matérielle, puisqu'il ne reste aucune trace, à nous connue, de sa vie intellectuelle [1].

Le Béarn ne fournissant pas, au moins au début, de ressources suffisantes pour le recrutement des régents et professeurs, ce fut à l'Académie de Genève et aux universités de France (Paris, Orléans, Poitiers, Bourges), alors pleines de réformés, qu'on s'adressa pour en trouver. Le Conseil ecclésiastique avait, à cet égard, la haute main. Toutefois les choix qu'il faisait devaient avoir l'approbation du synode du Béarn, ou, tout au moins, des doyens et surveillants des six colloques (ou circonscriptions ecclésiastiques), qui avaient des réunions plus fréquentes [2].

[1] Peut-être en existerait-il cependant dans l'ouvrage suivant que nous avons essayé en vain de nous procurer : *Syntagma orationum quas in regia Benearnensium schola recitarunt nobilissimi e Gallia et Benearnia adolescentes, scribente prius, nunc edente J. Malsosseo secundi ordinis in eadem schola moderatore : accesserunt fusæ ab eodem Malsosseo lacrymæ in obitu Henrici IIII christianissimi regis*, 10 Kalend. Junii. *Orthesii, ex typographeo Abrahami Royerii, anno Dom.* M.D.C.X. in-8°. — L'exemplaire de la Bibliothèque publique de Pau contient en outre, du même auteur : *Vindiciæ Scholarum, ac publicæ institutionis, prudentia et nobilitate conspicuis Orthesianæ civitatis consulibus, ab auctore J. M. in perpetuam studii et observantiæ fidem dicatæ*. Cf. L. Lacaze, *Les imprimeurs et les libraires du Béarn*. Pau, 1884, p. 72.

[2] Voir, par exemple, dans le *Registre de la Chambre ecclésiastique*, la séance du 20 février 1572, celle du 28 octobre 1573, etc. En ce qui concerne le choix par les doyens et surveillants de colloques, voici ce que I. Doneau, alors professeur en théologie à Orthez, écrit à Th. de Bèze : *Quum ad me litteræ tuæ perferrentur, convenerant omnes harum ecclesiarum Decani, alia ex causa, nimirum ut in locum Gymnasiarchæ hujus scholæ, nempe Montamberii, qui proximis hisce septimanis ex vita hac decessit, alius substitueretur*..... Voir Paul de Félice, *Lambert Daneau*, etc., p. 376.

Lorsque le professeur ou régent agréé était arrivé, il devait signer la confession de foi et la discipline ecclésiastique. Il prêtait ensuite un serment, dont voici la formule :

« I. Je promets et jure d'instruire fidèlement et diligemment la jeunesse que j'aurai en charge autant qu'il me sera possible, et de les faire profiter ès bonnes leçons et sciences, et surtout de les faire instruire en la crainte de Dieu et à bien et saintement vivre selon sa parole.

« II. Je promets et jure de ne leur enseigner aucune mauvaise et fausse doctrine, ains suivray et les enseigneray à suivre la doctrine receue ès Églises réformées de Béarn, selon la Confession de foi des Églises réformées de France et le catéchisme de l'église de Genève.

« III. Je promets et jure de n'user d'aucun mauvais moyen pour estre mis en quelque autre office, ains me contenteray du mien, jusqu'à ce qu'il plaise à Dieu m'appeler en un autre.

« IV. Je promets et jure de maintenir et procurer l'honneur et profit du Roy, Prince souverain de Béarn, et d'obéir à ses commandements, loix et ordonnances, et m'assujettiray aux magistrats que Sa Majesté y a ordonnés ou ordonnera, et aux lois civiles et bonnes costumes du pays, sans toutefois préjudicier en rien à l'obéissance que Dieu veut qu'on luy rende.

« V. Et en général je promets et jure de tascher de mon pouvoir de faire ce qu'appartient à mon office, servant fidèlement à Dieu et à son église [1]. »

Ces formalités accomplies, les professeurs et régents étaient installés par deux membres du Conseil ecclésiastique et les autorités académiques [2].

Il était en outre pourvu à leur logement. S'ils étaient célibataires, ils logeaient au collège ou dans des maisons « près deudict collège », que la municipalité mettait à leur disposition. S'ils

---

[1] Frossard, *La Discipline ecclésiastique du Pays de Béarn*. Paris, Grassart, 1877, p. 68.

[2] Il en fut ainsi du moins pour l'installation du principal Constantin, baron de Gimat, le 9 décembre 1573. *Registre Chambre eccl.*, à la date.

ne voulaient accepter ni le collège, ni les maisons, ils se logeaient
à leurs frais. De même, si les professeurs mariés voulaient, à
cause de leurs pensionnaires, loger dans des maisons de leur
choix, ils le pouvaient, mais la municipalité n'avait pas à s'en
préoccuper. Telle fut sur ces points la décision prise par le roi et
son conseil privé, par lettres patentes en date à Cadillac le 7 février 1581, données à la sollicitation des jurats d'Orthez. En
effet, lors du retour dans cette ville, en 1579, tous les régents
refusèrent de loger au collège, qui passait pour être triste, humide
et malsain, froid en hiver, au moins du côté qui ne voyait pas le
soleil, et si chaud en été, de l'autre côté, qu'il en était inhabi-
table à cause des « pugneses » dont il était rempli [1].

A Lescar, presque tout le personnel de l'Académie était logé au
collège ou dans les maisons des chanoines; mais soit que ces
maisons ne fussent pas meublées ou ne le fussent qu'insuffisam-
ment, nous voyons les professeurs avoir des meubles « en louage
ou en hypothèque » [2].

Ajoutons que, considérés comme de vrais locataires, ils devaient
entretenir convenablement leurs logis. La municipalité de Lescar
se plaint vivement un jour (15 mars 1600) du professeur de grec
et futur recteur Jean Daliel, qui a laissé sa maison se ruiner et
dépérir peu à peu [3].

Généralement les professeurs avaient des pensionnaires et les
internes eux-mêmes étaient considérés comme les pensionnaires
du principal, à la table duquel ils mangeaient [4].

Les professeurs et régents paraissent avoir toujours été entourés
d'égards, et le professeur en théologie, en particulier, jouissait
d'une considération toute spéciale. Tous avaient des places réser-
vées au temple et tous aussi (sauf pourtant les régents) siégeaient
de droit aux synodes, « pourvu qu'ils proposent en leur rang au
colloque, autrement non ». Ils étaient encore, suivant une expression des jurats d'Orthez, « caressats deus havitans de la dite ville

----

[1] Planté, p. 89 et 125.
[2] *Ibid.*, p. 84 et 100.
[3] Le *Libre des Arrests de Lescar*, à la date.
[4] Planté, p. 58 et 84.

en toute affection et benevolenci». Ils ne l'étaient pas moins des
jurats eux-mêmes. Ainsi, lorsque Lambert Daneau, professeur en
théologie, Montambert, principal, et quelques autres arrivèrent à
Orthez en 1583, la municipalité leur offrit un banquet dans la
maison de ville «per syncinuar en lor amistat». Ainsi encore,
chaque fois que l'Académie revint à Orthez, on invita tout le
corps enseignant à un banquet, et on accorda quelques douceurs
aux «escoliers» eux-mêmes. Nous ne serions même pas surpris
que les professeurs aient joui de certaines exemptions d'impôts,
par exemple pour l'introduction de vins étrangers. Enfin, comme
il a été dit ailleurs, lorsque le transfert de l'Académie obligeait les
professeurs ou régents à déménager, ce n'était jamais à leurs frais [1].

D'un autre côté, le Conseil ecclésiastique conservait la haute
direction et la surveillance de l'Académie. Ainsi, le 30 janvier
1572, le principal est sévèrement blâmé parce qu'il donne de
mauvaise nourriture aux élèves. Le 24 février 1574, un régent
nommé Camgran est poursuivi en justice, à cause des mauvais
traitements qu'il fait subir aux élèves de sa classe. Ailleurs, c'est
un régent, nommé Casenave, poursuivi par «toutes voyes deues
et légitimes», pour n'être pas venu remplir sa charge et avoir
violé l'engagement, pris ou accepté par lui, comme par tous ses
collègues, de rester au moins un an et de faire connaître, trois
mois d'avance, son intention de quitter le collège. Enfin, le 17 décembre 1572, le Conseil ecclésiastique décide que deux de ses
membres inspecteront le collège tous les quinze jours [2]. On verra,
dans les *Lois collégiales*, que ces visites furent plus espacées dans
la suite.

Quant aux gages des professeurs et régents, ils varièrent suivant les époques et dépendirent aussi parfois des contrats spé-
ciaux consentis par les parties. Citons quelques chiffres.

En 1572, M. de Saule, recteur, reçoit 800 livres; les professeurs mariés, 300; les professeurs non mariés, 240; le principal,

[1] *Registres de la Jurade d'Orthez*, 11 décembre 1583, 26 juin et 2 octobre
1609, 18 mars 1619; Planté, p. 30; Coudirolle, p. 40, et Frossard, p. 48.

[2] *Registre Chambre eccl.*, 30 janvier 1572, 24 février 1574, 17 décembre
1572; *Le Libre de Lescar*, 13 avril 1570.

3oo; les régents, 18o; les écoliers proposants, 1oo; les petits écoliers, 75; les catéchistes, 6o..... On doit, de plus, chercher un imprimeur, qui recevra 2oo ou 3oo livres. Le tout est payable par quartiers, d'avance et sur une attestation de présence pour tous, excepté le recteur, les professeurs et le principal [1].

Dès 1573, le principal a 6oo livres de gages, plus le logement au collège et la nourriture pour lui et toute sa famille. En 1585, il en est de même et, ce qui donnera une idée de l'importance de ces honoraires, comme aussi de celle du collège, on songe à appeler, pour remplacer le principal Montambert, qui vient de mourir, soit Juste-Lipse, soit Jean de Serres. *De Justo-Lipsio etiam huc evocando agitur*, écrit Lambert Daneau, lui-même professeur en théologie à Orthez, à Th. de Bèze, *item Serrano nostro, ut in locum Montamberii succedat. Sexcentœ librœ, una cum liberis œdibus, prœter victum ipsius Gymnasiarchœ et familiœ totius sunt ordinaria istius scholœ stipendia, ampla ut vides* [2].

En 1581 et en 1611, les traitements sont encore modifiés :

Professeur en théologie, 8oo livres; économe-proviseur, 148 écus (en 1611, 8oo l.); professeur en philosophie, 6oo l. (en 1611, 4oo l.); médecin du collège, 2oo l. (il en avait 12o en 1571); professeur de grec, 296 écus (en 1611, 8oo l.); pro-

---

[1] *Registre Chambre ecclésiastique*, 23 janvier 1572. Bien qu'il soit ici question de rechercher un *imprimeur*, ce n'est qu'en 1583 qu'arriva le premier imprimeur attaché à l'Université. Il était d'Orléans et se nommait Lois Rabier. Connu de Henri IV dès 1579, il avait obtenu en 1581 des lettres patentes d'imprimeur du roi, à 2oo livres de gages, à condition qu'il aurait en Béarn une presse pour les besoins du collège. C'est le 29 janvier 1583 seulement qu'il annonce sa prochaine arrivée aux jurats d'Orthez. Il arrive le 17 février et on lui donne la maison dite «deu Bascou», du Basque. Il suit l'Académie à Lescar en 1591 et y occupe successivement ou conjointement les maisons d'Ossau, ou de Lasalette, de Saule et de Furcata. Il mourut, croit-on, vers 1608, à Lescar. Son successeur fut Abraham Rouyer, qui fut d'abord logé, à Orthez, dans la maison «deu Bascou», et mourut vers 1631. Voir *Reg. Jurade d'Orthez*, 29 janvier et 17 février 1583; le *Libre de Lescar*, 12 juin et 27 mai 16oo et 9 mai 16o5; *Jurade d'Orthez*, 8 septembre 16o9 et 5 mai 1611; enfin l'ouvrage si intéressant de M. Louis Lacaze, *Les imprimeurs et les libraires en Béarn*. Pau, 1884, in-4°.

[2] P. de Félice, *Lambert Daneau*. Paris, 1882, p. 377.

fesseur d'hébreu, 400 l. (450 en 1611); historiographe du collège, 200 l.; professeur retenu par le roi (chaire non désignée),
400 l.; deuxième médecin (?), 200 l.; régent de la 1re classe,
300 l.; chirurgien, 90 l.; libraire, à charge de tenir une boutique près du collège, 100 l.; écoliers auditeurs, 200 l.; aux
enfants de Salettes [1], chacun 300 l.; à chaque écolier envoyé à
Genève, pour étudier, 150 l.; imprimeur, 200 l. (*idem* en 1611);
à chaque régent, 200 l. (en 1611, de la 7e à la 3e, 290 l.); chan-
teur (professeur de musique), 180 l. Il faut y ajouter, pour 1611,
le portier, qui reçoit 125 l. [2].

M. Coudirolle cite encore (p. 53), d'après l'abbé Puyol, un
état récapitulatif des *Dépenses du collège en 1615* :

Entretien de dix enfants à la nomination du roi..... 1,225 livres.
Séminaire.. 3,750
Professeurs.. 6,060

Enfin M. Lourdes a trouvé dans une pièce manuscrite, datant
des premières années du règne de Louis XIII, l'indication suivante : les principal, professeurs, régents, économe, médecin,
apothicaire, chirurgien, imprimeur et autres officiers du collège,
et pour des drogues pour les enfants malades du séminaire,
6,350 livres [3].

Il ne sera pas sans intérêt, après avoir donné ces chiffres, de
rechercher, à l'aide du prix de quelques denrées ou objets aux
mêmes époques, quelle pouvait en être la valeur relative [4].

Il ne nous a pas été possible de trouver le prix du blé à Orthez, ou même en Béarn, au XVIe siècle. Nous savons seulement,
grâce à l'obligeance de M. le bibliothécaire Soulice, de Pau, que

---

[1] *Registre Chambre eccl.*, 6 mars 1572. C'étaient les fils de feu le président
de Salettes, et cette pension était si exceptionnelle qu'on n'en cite pas d'autre
exemple.

[2] Coudirolle, p. 51 et suiv.

[3] Page 284, note.

[4] La plupart des renseignements que nous donnons sont empruntés aux
enquêtes. Nous ne donnerons donc d'indications spéciales que pour ceux qui
sont puisés à d'autres sources.

le blé coûtait, dans cette ville et en 1623, de 28 à 37 sous le *quartau*, c'est-à-dire les 21 litres. Au XVIe siècle, la viande de bœuf coûtait, à Orthez, 10 liards la livre; celle de mouton 20 liards. Pour 12 liards, on avait un pichet (environ 2 litres) de bon vin ordinaire [1]. A Lescar, la charretée de bois se payait 6, 7 et 8 sols; à Orthez, elle était plus grande, mais surtout plus chère, puisqu'on la payait jusqu'à 1 écu petit (27 sols). Pour louer un lit à Orthez, on payait 10 francs par an, à 15 sols le franc. Mais cela paraissait si exorbitant que les régents portèrent plainte au conseil de ville.

Voulait-on prendre un cheval pour aller de Lescar à Pau? cela coûtait 1 écu petit, mais on avait le cheval pour la journée. D'Orthez le prix était plus élevé, à cause de la distance supérieure. Aussi les écoliers, et sans doute leurs régents et professeurs, voyagent-ils souvent à pied. Mais le voyage à faire valait-il la peine d'acheter un cheval? on pouvait en trouver un suffisamment bon pour 60 à 65 livres [2].

En ce qui concerne les loyers, nous voyons en 1600 le professeur Daliel, accusé par les jurats de Lescar d'avoir quitté, par pure mauvaise volonté, la maison qui lui avait été assignée et de l'avoir louée 40 francs. A la même époque, le loyer de l'imprimeur est de 25 écus. Mais il doit se loger, avoir des locaux nécessaires pour ses presses et « une boutique de libraire » [3]. Une chambre garnie coûte 1 écu à Lescar et en coûte jusqu'à 3 à Orthez dans la seconde moitié du XVIe siècle. Enfin le *service* (le mot est employé encore en ce sens) coûtait à Orthez de 10 à 12 francs par an, et à Lescar de 5 à 6 francs seulement [4].

Les écoliers de l'Académie payaient 60 livres de pension à Orthez avant 1569, et de 80 à 120 livres à Lescar avant 1579.

[1] *Jurade d'Orthez*, 13 juillet 1579, 26 juillet 1591.

[2] *Registre Chambre eccl.*, 9 avril 1572.

[3] Le *Libre de Lescar*, 15 mars et 12 juin 1600.

[4] Tout en indiquant ces prix d'après les enquêtes, nous devons rappeler que les personnes interrogées devaient avoir une tendance presque involontaire à les donner extrêmes, suivant qu'elles appartenaient à l'une ou l'autre ville. Ils n'en peuvent pas moins servir à établir une moyenne.

Du reste, sur ce point, un précieux élément de comparaison nous est fourni par ce que les jurats d'Orthez offrent, le 30 janvier 1575, à de Nyort, directeur de l'école communale, pour l'entretien d'un adjoint. Cet adjoint sera logé dans le collège, nourri, blanchi et chauffé « à l'ordinari », c'est-à-dire au feu commun, moyennant 50 livres tournois; et d'autre part on lui donnera 50 francs pour son entretien personnel « afin que se posque entretenir d'acotrements ». Le directeur recevait lui-même 160 livres de gages, plus le logement. Le 13 février 1576, Laignerot, qui avait succédé à de Nyort, obtenait 40 livres de plus pour l'entretien de son adjoint, à cause de la cherté des vivres; et l'adjoint lui-même (il . nommait Borlin) voyait, dès 1576, ses 50 francs portés à 75 livres tournois. Par contre, en 1611 et à Lescar, le régent Bareilles, qui dirigeait l'école protestante de la ville, devait se contenter de 100 francs. Encore lui furent-ils supprimés au bout de quelques années lors du triomphe définitif de la réaction catholique [1].

Pour en revenir aux écoliers, il nous reste encore quelques détails à mentionner. Il y avait, tant à Orthez qu'à Lescar, des écoliers pensionnés, c'est-à-dire défrayés de tout, même de livres [2], par la ville. Or voici les prix payés à Lescar, en 1573 et 1574, pour quelques objets d'habillement : le 22 juillet 1573, on habillait les 30 pensionnaires de Lescar pour 130 livres; le 12 novembre, pour 100 écus petits (à 27 sols l'écu); le 16 décembre, 30 robes — détail intéressant à noter au passage — coûtaient 70 écus petits; le 7 avril 1574, 31 paires de chaussures étaient payées 20 livres 3 sols; enfin, le 23 octobre 1574, on achetait 26 canes et un pamp (empan?) de drap burat, pour faire aux élèves des robes et des chausses à raison de 22 sols la cane [3].

Un dernier chiffre : en 1574, les prix distribués aux élèves coûtèrent 20 livres tournois [4].

Le nombre des élèves de tout ordre était assez considérable,

[1] *Jurade d'Orthez*, aux dates indiquées; *Libre de Lescar*, 21 mai 1611, 27 août et 24 octobre 1622.
[2] Condirolle, p. 56.
[3] *Registre Chambre eccl.*, aux dates indiquées.
[4] *Ibid.*, 11 août 1574.

surtout à Orthez. Dans leurs *Remonstrances* à M. de Saint-Geniez,
les jurats d'Orthez affirment que la ville seule fournit 200 élèves.
Voici, du reste, un fragment de la déposition de maître Jean Ribitus, ancien principal à Orthez et à Lescar, lors de l'enquête
de 1579 : « Or, dit-il, c'est une chose assurée qu'il n'y a jamais
eu aucune comparaison de la multitude tant des pentionaires
que des *galoches* (externes) qui ont esté à Lescar durant mon
temps, avec celle qui a esté en la ville d'Orthez pendant que j'y
ai demeuré. Car on n'a point vu pluus hault de 12 ou 15 pentionaires estrangers à Lescar, sinon despuys que quelque nombre
y a esté appelé par l'entretiennement procédant des deniers ecclésiastiques. Combien qu'à Orthez il y en a eu jusques à 60 et pluus
tant des gentilshomes de Bayonne, Dax, Saint-Sever, Agenoys,
de toute la Chalosse, de Béarn et Basques que d'autres de moindre
estoffe et touteffois le college n'estoit pour lors sinon après commencement ; oultre ceux-là, vous avez 12 pentionaires entretenus
par la première institution de maistre François de Pinsun, lesquels
décorent beaucoup le collège [1]. Et quant aux enfants de la ville, il
y en avait tant d'Orthez que de Départ [2] quatre ou cinq fois plus
que non pas à Lescar de ceux de Lescar (où pourtant non seulement
les garçons, mais aussi les jeunes filles furent momentanément
admises) [3], joint qu'il y a plusieurs bonnes maisons à Orthez
qui entretenaient chacune un pédagogue pour conduyre leurs
enfants à l'escole et leur répéter leurs leçons et prière, ce qui
n'a point esté de mon temps à Lescar, [et ce] qui touteffois est

[1] François de Pinsun avait légué 12,000 livres au collège pour, des intérêts
de cette somme, fournir 12 bourses à de jeunes Orthéziens. Lorsque l'Académie
fut transportée à Lescar, le legs de Pinsun profita à l'école communale d'Orthez.

[2] Départ est un faubourg d'Orthez, de l'autre côté du Gave.

[3] *Libre de Lescar*, 2 août 1571. « Sur ce que M. de Saule (recteur) a remonstré touchant les filles quy vont au college de Lescar avec les enfans garsons,
a esté arresté que le principal sera exorté de ne recevoir aucune desd. filles, et
les jurats de lad. ville aussy seront admonestés d'advertir les patons de les faire
instruire et enseigner en leurs maisons, ou trouver quelque moyen de les faire
enseigner par quelque femme pour éviter tout escandale qui s'en pourroit ensuivre. Délibéré à Pau, aut. Conseil (ecclésiastique), le segond jour d'aoust
1571. »

ung grand moyen pour recevoir plusieurs jeunes homes estrangers déjà avancés et dégarnis d'argent, pour estre comme en rolant (c'est-à-dire à titre de suppléants), si daventure ou par maladie ou autrement, quelcun des régens venoit à faillir [1]. »

On vient de voir que le nombre des boursiers était alors très restreint. Plus tard, il s'éleva à 100, dont 10 nommés par la reine, 30 par les colloques et 60 sur la présentation de patrons laïques. Tel avait été, pour une part, l'emploi fait des revenus des bénéfices ecclésiastiques confisqués sur le clergé. Enfin il y avait encore les pensionnaires des villes de Lescar ou d'Orthez qui étaient, comme nous l'avons dit, défrayés de tout.

Dès la fin du xvie siècle et à mesure que les biens du clergé firent retour à leurs propriétaires ou à leurs successeurs, le nombre des boursiers diminua pour se trouver enfin réduit à 30.

Le montant des bourses varia sensiblement. M. Coudirolle (p. 53) croit pouvoir l'évaluer à 100 livres en moyenne.

Les enfants entraient au collège à huit ans pour en sortir à dix-huit ou plus tard « si besoin était et selon l'avis du Conseil ecclésiastique ». Si, pendant le cours de leurs études, « ils étaient trouvés capables pour être avancés aux lettres », ils continuaient à jouir de leur bourse dans l'université qui leur avait été assignée [2]. Parfois même, ils étaient appelés aux fonctions de régents [3]. Si, au contraire, ils se montraient ou radicalement paresseux, ou incapables, ils pouvaient être privés de leur bourse [4]. Ils allaient eux-mêmes en toucher le montant, et devaient apporter un certificat d'assiduité aux leçons, assiduité que permettaient facilement de contrôler deux appels par semaine, les lundis et samedis [5].

[1] Planté, p. 47.

[2] *Registre Chambre eccl.* Voir à la suite de la séance du 7 octobre un extrait des décisions du Synode général, en date du 2 février 1573, concernant le collège et particulièrement les boursiers.

[3] *Registre Chambre eccl.*, 12 janvier 1575. Vu l'attestation du principal et recteur du collège de Lescar, que deux écoliers sont capables de régenter la 3e et 4e classe : arrêté qu'ils seront couchés en l'état comme régents.

[4] *Registre Chamb. eccl.*, 3 juin et 7 octobre 1573.

[5] *Ibid.*, 6 et 13 janvier 1574, autre autres. Pour les appels, *Ibid.*, 13 janvier et 19 octobre 1574. Cf. Coudirolle, p. 50.

Enfin les « écoliers proposants et ceux qui oyent les [leçons] publiques devaient prêter le serment suivant[1] : « Je reconnais et avoue la confession des Églises de France, reçue aussi par les Églises de Béarn, être prise de la pure parole de Dieu et ne veux adhérer à aucune opinion contraire à la doctrine contenue en icelle; je promets et jure d'employer tous mes labeurs, diligence et étude à apprendre les bonnes lettres et même aux saintes écritures pour servir à Dieu et à son église, de laquelle veux totalement dépendre pour m'employer où on connaîtra que seray capable, me demetant de (renonçant à) ma propre volonté et ne voulant entreprendre vocation qui ne soit approuvée par le jugement de la dite église. Je promets et jure que vaquant à mes études, je ne romprai l'ordre du collège ordonné par le prince, et m'assujettisserai (sic) au recteur et me tiendrai docile et obéissant à ceux qui m'enseigneront. Je promets de poursuivre les leçons qui me seront données par le recteur ou professeur en théologie, sinon par grande nécessité survenante, et ne me débaucher de mes études en discourant çà et là, ou étant vagabond pour prendre mes plaisirs, ou pour autre occasion; et au cas advenant que je fusse contraint de m'absenter pour quelque temps, de prendre la volonté du recteur ou professeur en théologie, et lui demander congé. Je promets et jure de fréquenter les prédications et prières, même le jour de dimanche et mercredi, jour de prières, et m'assujétirai à la discipline ecclésiastique[2]. »

Ajoutons enfin que les écoliers qui demeuraient en ville devaient payer leur pension d'avance à leurs hôtes et que ceux-ci, ayant une certaine responsabilité, exerçaient une sorte de surveillance. Ainsi sur l'heure de la rentrée de leurs jeunes locataires, le soir[3]. Les injonctions aux « hostes » se renouvelaient chaque

[1] Au premier abord, il semble que ce serment ne puisse concerner que les théologiens. Pourtant, en disant : « ceux qui oyent les leçons publiques », le texte indique que tous les *étudiants*, pour employer notre manière de parler actuelle, ou le prêtaient ou pouvaient être appelés à le prêter. Cela n'aurait, du reste, rien d'étonnant en plein XVI⁰ siècle.

[2] *Registre Chambre eccl.*, 31 mars 1574.

[3] Les hôtes ne devaient pas laisser sortir les « écoliers » à partir de 8 heures du soir, à peine d'être punis et les écoliers d'être mis en prison. Il importe de

fois que les écoliers avaient fait quelque «escandalle et insollences» (2 janvier 1619), ou «s'étaient licentiés à aller en masque» (26 février 1618), ou avaient fait quelque «mascarade» (10 février 1620), ou enfin avaient tourmenté la garde bourgeoise ou le guet d'une manière quelconque (2 janvier 1619). Car de telles éventualités se présentaient à cette époque comme à toutes les époques et, ce qui prouve bien que les «escoliers» de tous les temps restent les mêmes, c'est que, lors des départs de Lescar ou d'Orthez, ceux de l'Académie du Béarn ne manquaient pas de tout mettre sens dessus dessous, ou en pièces, au grand scandale des dignes jurats (20 juin 1591).

remarquer que les plaintes contre les écoliers datent des deux ou trois dernières années de l'Académie. La situation se tendait de plus en plus. Peut-être n'était-ce pas la faute des seuls écoliers. Voir les *Registres de la Jurade d'Orthez*, aux dates indiquées.

LES LOIS COLLÉGIALES

DE

L'ACADÉMIE DU BÉARN.

IN ACADEMICAS DITIONIS BEARNENSIS LEGES.

PROOEMIUM.

Cum multa sint et maxima quibus Illustrissima Navarreorum Regina Johanna princeps nostra inter cæteros orbis Principes eluceat : tum vero maxime duo præ se fert lumina quæ vel clarissimæ multorum aliorum luci tenebras offundere videantur, pietatem et literarum amorem. Ac pietatem quidem testatur instauratio divini cultus in hac ditione jam ita inchoata, ut non possimus non sperare favente Deo Opt. Max. fœlicem fœlicis incœpti progressum atque exitum. Amorem autem literarum hæc ipsa legum Academicarum promulgatio non obscure significat; cum enim vel inveteratam barbariem ex animis hominum delere, vel venienti occurrere sui esse muneris existimaret : hoc est usa consilio ut conquisitis undique doctissimis artium omnium professoribus, Gymnasiarcha atque hypodidascalis, his etiam leges præscribere doctiorum virorum judicio

---

LES LOIS DE L'ACADÉMIE DU BÉARN.

PRÉFACE.

Parmi les nombreuses et éminentes qualités qui font briller, entre tous les princes du monde, notre très illustre princesse Jeanne, reine de Navarre, deux qualités surtout jettent un tel éclat qu'elles semblent couvrir de ténèbres l'éclatante lumière des autres : sa piété et son amour des lettres. Sa piété, elle est attestée par la restauration du culte divin dans cette souveraineté, restauration amenée déjà à un tel degré que nous ne pouvons pas ne pas espérer, avec la faveur du Dieu tout-puissant et tout-bon, l'heureux progrès et l'heureuse issue d'une si heureuse entreprise. Son amour des lettres, la promulgation même de ces lois académiques le montre clairement. Considérant, en effet, comme un des devoirs de sa charge, soit de détruire une barbarie enracinée dans les esprits, soit de prévenir la barbarie naissante, voici le moyen qu'elle a employé. De toutes parts elle a rassemblé les professeurs, principal et

constitutas et suae majestatis authoritate confirmatas, hoc maximè nomine digna quae nullis non literarum monumentis posteritati commendetur, quod cùm celebratissimos haberet in sua ditione aquarum calidarum et salinarum fontes, tertium etiam literarum fontem accedere voluerit. Qui jam ex se natus et sua ipsius scatens origine Literatos efficiat in hisce regionibus quodam modo ἀυτόχθονας neque opus sit aliunde peti quod nobis abunde futurum sit, quodque in hunc finem spectet, ut ad amplificandam Dei Opt. Max. gloriam et propagandam ejus ecclesiam et ad utilitatem publicam referatur.

---

régents les plus versés en toutes sciences et elle leur a prescrit des lois dressées sur l'avis des hommes les plus doctes et confirmées par son autorité royale. Aussi le principal titre qui la rende digne d'être recommandée à la postérité par toute espèce de monuments littéraires, c'est que, ayant déjà dans sa souveraineté des sources chaudes et salines universellement renommées, elle a voulu leur en adjoindre une nouvelle, celle des lettres. Et cette source, naissant d'elle-même et jaillissant de son propre fond, nous donnera, dans ces régions, des lettrés authoctones, en quelque sorte. Dès lors, nous n'aurons plus besoin d'aller chercher au dehors ce que nous posséderons abondamment et qui aura pour but suprême l'augmentation de la gloire du Dieu tout-puissant et tout-bon, le développement de son église et le bien public.

In Academia Bearnensi Calendis aprilibus, anno a Christo nato sesquimilesimo sexagesimo octavo, Regni Reginae tertio et decimo Imperantibus in Germania Maximiliano, in Gallia Carolo nono, in Hispania Philippo, in Britannia Elizabeta, in Scotia Maria [1],
In nomine Dei optimi maximi.

GYMNASIARCHÆ ELECTIO.

Regiae majestati placet in posterum Gymnasiarcham eligi, cujus pietas, doctrina et mores inter summi nominis viros eluceant. Is communibus ministrorum verbi divini in Academia ministris, adjunctis colloquiorum Bearnensium moderatoribus ministris, et publicis professoribus constituetur, senatoribus ecclesiasticis offeretur; ab iisdem Regiae majestati confirmandus nominabitur.

[1] «Telles lois furent establies à Orthez par la feue Reyne de bonne mémoire et publiées l'an mil cinq cent soixante-huit», dit l'ancien principal Ribit, en 1579. Il s'agit donc du premier règlement spécial fait pour l'Académie d'Orthez, qui, jusqu'alors, avait eu pour règle l'*Ordre du collège de Genève*. Cf. Lettre de Merlin à Calvin, dans le *Corpus Reformatorum*, *Opera Calvini*, t. XX, p. 85 et suiv.

L'an de grâce mil cinq cent soixante-huit et le 1er avril, la treizième année du règne de notre Reine, Maximilien étant empereur d'Allemagne, Charles IX régnant en France, Philippe en Espagne, Élisabeth en Angleterre et Marie en Écosse,
Dans l'Académie de Béarn,
Au nom du Dieu tout-bon et tout-puissant.

ÉLECTION DU PRINCIPAL.

Il plaît à Sa Majesté que dorénavant on élise, pour exercer la charge de principal, un homme éminent, entre les plus considérés, par sa piété, sa science et ses mœurs. Choisi par les ministres de la parole de Dieu en l'Académie, par les modérateurs [1] des colloques du Béarn et les professeurs publics, il sera proposé aux membres du Sénat ecclésiastique et, par eux, à Sa Majesté, pour être confirmé et nommé.

[1] Nom donné aux présidents de synodes, de colloques.

MUNUS.

Eidem ceu patri cura non modo puerorum committetur, sed etiam Praefectorum classium : quam tanta cum sedulitate suscipiet ut Deo Opt. Max. et Regiæ Majestati rationem commissi muneris reddere possit. Praeerit universæ rei domesticæ, cubicula Gymnasii distribuet : alimenta Praefectis classium puerisque et toti familiæ suppeditabit. Ei victus pensiones pro annonæ caritate aut utilitate augebuntur aut minuentur, ab ecclesiasticis senatoribus. Præfecti classium ab ejus authoritate pendebunt. Quoties classis aliqua hypodidascalo egebit, illius Gymnasiarchæ, erit idoneum aliquem ad eam functionem eligere : non tamen sine ministrorum Academiæ et publicorum Professorum consilio et consensu : penes quos erit periculum facere de præfecti illius religione, moribus et doctrina : servata confirmatione ecclesiastico senatui regiæ majestatis.

Lectionem publicam peraget pro more Professorum, hebraïcè, vel graecè, vel latine, Philosophiam vel Theologiam, vel Medicinam, vel Jurisprudentiam, vel Mathematicas artes docturus, si quidem fieri possit.

SES FONCTIONS.

A lui, comme à un père, sera confiée la direction des élèves et celle aussi des régents. Il s'acquittera de sa mission avec un soin tel qu'il en puisse rendre compte au Dieu tout-puissant et tout-bon et à Sa Majesté. Il dirigera toute la maison, répartira les chambres du collège, nourrira les régents, les élèves et tout le personnel. Les membres du Sénat ecclésiastique augmenteront ou diminueront la quantité des aliments à lui fournis, suivant la cherté des vivres ou les exigences de la situation. Les régents des classes seront soumis à son autorité. Toutes les fois qu'une classe sera dépourvue de régent, il appartiendra au principal de choisir celui qu'il jugera apte à cette tâche. Ce ne sera pas toutefois sans l'avis et l'agrément des ministres de l'Académie et des professeurs publics. A eux, en effet, il appartiendra de s'enquérir de la piété, des mœurs et des aptitudes du nouveau régent. Enfin cette élection devra être confirmée par le Sénat ecclésiastique royal.

Le principal fera un cours public comme en font les professeurs et enseignera, s'il se peut, à titre de professeur, soit l'hébreu, soit le grec, soit le latin; ou encore la philosophie, ou la théologie, ou la médecine, ou la jurisprudence, ou les mathématiques.

COMMUNES GYMNASII LEGES.

Dies Dominicus concioni matutinæ tantum et pomeridianæ catechismi explicationi dicatus erit. Reliquis diebus, matutina prælectio die Sabbati lectionum totius hebdomadis repetitio duarum erit horarum ab hora septima ad nonam usque, tempore æstivo, quod a Calendis Martiis incipiet et in Calendas Septembres desinet. Rursus hyberno à Calendis Septembribus ad Martias, ab hora octava ad decimam. Diebus Martis et Mercurii singularum horarum erit lectio propter concionem et propositionem. A prandio repetitio erit solummodo præteritæ lectionis à duodecima ad primam singulis diebus præter diem sabbati, in quo publicæ disputationes agitabuntur inter primi et secundi ordinis discipulos et tertii in quartos quibus intererunt suarum quisque classium præfecti. Reliquorum ordinum hypodidasc... solito munere fungentur. Vespertinis horis dierum Lunæ, Martis, Mercurii et Veneris prælectio duarum horarum à tertia videlicet ad quintam.

LOIS GÉNÉRALES DU COLLÈGE.

Le dimanche sera consacré seulement à l'audition du sermon du matin et à l'explication du catéchisme de l'après-midi [1]. Quant aux autres jours, la leçon du samedi matin sera consacrée à la répétition des leçons de toute la semaine. Elle durera deux heures : de 7 à 9 en été, c'est-à-dire du 1er mars au 1er septembre, et de 8 à 10 en hiver, soit du 1er septembre au 1er mars. Les mardi et mercredi, à cause de l'assemblée et de la proposition [2], la leçon ne durera qu'une heure. L'après-dîner, tous les jours excepté le samedi, il y aura de midi à 1 heure la répétition de la leçon précédente. Le samedi, il y aura des disputes publiques entre les élèves de la première et de la seconde classe, et entre ceux de la troisième et de la quatrième. Les régents de chacune de ces classes y assisteront, tandis que les régents des autres classes rempliront leurs devoirs habituels. Les lundi, mardi, mercredi et vendredi, dans l'après-midi, il y aura une leçon de 3 à 5.

[1] L'explication du catéchisme était un service religieux d'un genre spécial, mais qui se faisait également au temple, où, par conséquent, les écoliers se rendaient deux fois le dimanche.

[2] Le mot proposition signifie ici sermon.

ORDO REI DOMESTICÆ ET LECTIONUM IN GYMNASIO.

Excitabuntur ad sonum campanæ scholastici hora quinta matutina æstivo tempore, sexta hyberno. Nona vespertina eodem modo copia fiet eundi cubitum. Convocabuntur ad eundem sonum bis mane totiesque vesperi ad lectionem : a prandio semel et semel quando mittentur. Ante lectionem matutinam fiet publica divini nominis invocatio in aula scholæ per præfectos classium suo quemque ordine. Huic omnes intererunt. Idem fiat hora vespertina. *Decuriones* in qualibet classe constituentur, qui rationem reddent commissi muneris. Qui abfuerunt aut inordinate quippiam egerint asini nota aut verbis, aut verberibus pro delicti ratione plectentur. Lectiones cum gravitate, silentio atque attentione fient, servabiturque et extra lectionem modestia studiosis digna.

Primis quibusque dominicis diebus singulorum mensium, aut bis in mense, si quidem fieri poterit, in prima et secunda classe [*en marge :* his adjungendi ordinè physici et logici], fient circa meridianam horam decla-

---

RÈGLEMENT INTÉRIEUR DU COLLÈGE, LES LEÇONS.

Les élèves seront réveillés au son de la cloche à 5 heures du matin en été; à 6 heures, en hiver. A 9 heures du soir, la cloche sonnera, et ils pourront aller se coucher. Deux fois le matin et deux fois l'après-midi, la cloche les appellera aux leçons; dans l'après-dîner, la cloche sonnera deux fois pour les congédier. Avant la leçon du matin aura lieu l'invocation publique du nom de Dieu dans la salle commune (*aula*) du collège. Chaque régent la fera à son tour. Tout le monde y assistera. Il en sera de même le soir. Dans chaque classe, on établira des *dizainiers*, qui devront rendre un compte régulier de leur charge. Les absents ou ceux qui auront fait quelque chose de contraire à la discipline seront punis du bonnet d'âne, de la réprimande ou du fouet, selon la gravité du délit. Les leçons seront écoutées avec sérieux, silence et attention. On conservera, même en dehors des classes, la bonne tenue qui convient à des écoliers studieux.

Tous les premiers dimanches du mois, ou même deux fois par mois, s'il se peut, il y aura, vers midi, des déclamations publiques dans la première et la seconde classe. [*En marge :* les élèves de physique et de logique y prendront part à leur tour.] Le principal et les autres profes-

mationes publicæ, præsentibus gymnasiarcha cæterisque ordinum doctoribus. Diebus Jovis et Sabbati liberum erit Juventuti ludere ab hora prima pomeridiana. Inviset prælegentes hypodidascalos Gymnasiarchus quantum poterit frequenter in hebdomade, curabitque ut omnia pie, sedulò, continuè et attentè in auditoriis fiant. Primorum quatuor [au-dessus : sex] ordinum colloquia latina erunt vel græca. Incedent omnes pallio aut toga succincti in gymnasio. Constituetur Janitor a Gymnasiarcho alendus qui cavebit ne quis ex discipulis foras exeat nisi data a Gymnasiarcho copia vel ab eo quem absens primarius sibi substituerit.

CLASSES SEU ORDINES DISCIPULORUM IN GYMNASIO.

CLASSIS SEPTIMA.

Classis septima [1] eorum est qui elementa literarum prima discunt co-

[1] Plus tard, comme on en trouvera la preuve dans la liste des professeurs et régents que nous donnons en appendice, on institua une classe de huitième.

---

scurs des classes y assisteront. Les jeudi et samedi, les élèves pourront jouer à partir de 1 heure après midi. Chaque semaine et aussi fréquemment que possible, le principal assistera aux leçons des régents, afin que, dans les auditoires, tout se passe selon la piété, sans aucune négligence, ni interruption, ni inattention. Les conversations des élèves des quatre [au-dessus : six] premières classes devront se faire en latin ou en grec. Dans le collège, les élèves porteront le manteau ou la robe. Aux frais du principal, il y aura un portier qui veillera à ce qu'aucun élève ne sorte sans la permission du principal, ou, en son absence, de celui auquel il aura confié sa charge.

DES CLASSES OU ORDRES DU COLLÈGE.

SEPTIÈME.

La classe de septième est celle des élèves qui apprennent les premiers éléments des lettres, l'assemblage des syllabes, la lecture, la pronon-

gnoscere, syllabas componere, legere, promunciare, et calamo depingere.
Manè audientur à præceptore semel atque iterum singuli ex ordine. Et
voce clara et distincta injuncta recitabunt omnes, exceptis iis qui elementa
prima agrediuntur : requirunt enim magis familiarem præceptoris ac-
commodationem. Hora duodecima si qui fuerint ad scriptionem aptiores
in ea se exercebunt ; reliqui eodem quoque modo et ordine erudientur
vesperi ut horis matutinis dictum est. At (ac?) in fine lectionis cujusque
gallica lingua orationem dominicam et symbolum Apostolorum cum gratiarum actionibus quæ fiunt ad mensam alta voce recitabunt. Quæ ad
mores pietatemque faciunt discenda proponentur ut illis imbuatur pue-
ritia. Præfectus hujus ordinis pingendarum literarum gnarus sit oportet.
Is curabit ut quæ discipulis præscripta fuerint memoriæ mandentur.

SEXTA CLASSIS.

Sexta classis eorum est, qui prima declinationum et conjugationum
rudimenta discunt. Catonis disticha vel dicta apientum et doctorum hominum cum gallica interpretatione [1] eis proponantur : singuli reliquis

[1] Il s'agit de l'ouvrage suivant : *Disticha moralia, nomine Catonis inscripta : cum Gallica interpretatione, et, ubi opus fuit, declaratione Latina. Hæc editio præter præceden-*

ciation et l'écriture. Le matin, ils seront entendus par leur professeur,
chacun à son tour et à plusieurs reprises. A haute et intelligible voix, tous
réciteront ce qui leur sera demandé. Il faut en excepter, toutefois, ceux
qui ne font que commencer et qui ont besoin d'un enseignement plus à
leur portée. A midi, ceux qui seront les plus aptes à écrire s'y exerceront. Pour les autres, il y aura, dans l'après-midi, le même genre de leçon
et le même ordre d'exercices que dans la matinée. A la fin de chaque
leçon, tous réciteront à haute voix et en français l'oraison dominicale, le
symbole des apôtres et la prière d'action de grâces qui se dit à table. On
leur fera apprendre, pour en imprégner leur enfance, des morceaux qui
seront de nature à développer la piété et les bonnes mœurs. Il faut que
le régent de cette classe ait une belle écriture. Il devra avoir soin que les
élèves apprennent par cœur tout ce qui aura été écrit sous leurs yeux.

SIXIÈME.

La classe de sixième comprend les élèves qui apprennent les premiers
rudiments des déclinaisons et des conjugaisons. On leur expliquera les

audientibus publice non modo nomina declinare et conjugare verba as-
suescant, sed et lectiones suas scribere. In hoc ordine pueri manebunt,
donec scribendo dictantem præceptorem sequi valeant. Quotidie aliquid
mandare memoriæ præcipientur.

QUINTA CLASSIS.

Quintæ classis præfectus epistolas Ciceronis familiares ex facilioribus
aut tale quippiam præleget, dabitque operam ut memoriter recitent præ-
lecta. Et quò phrasim authoris imitari queant, proponentur illis themata
gallica in hunc usum. Matutinis et vespertinis horis interpretationi au-

*tes (sic) non solum recentem authoris Maturini Corderii recognitionem, sed et Græcam
Maximi Planudæ interpretationem et distichorum indicem habet. Dicta sapientum septem
Græciæ ad finem adjecta, cum sua quoque interpretiuncula. Oliva Rob. Stephani, M DLXI,
in-12, 140 pages sans l'index.* Cette édition doit être au moins la seconde de cette recen-
sion nouvelle, car elle débute par une lettre de M. Cordier à Robert Étienne, datée :
Ex celeberrima Lausannensi academia..... M DLVI. L'une et l'autre ne figurent point
dans le *Répertoire des ouvrages pédagogiques du XVI° siècle*, pourtant si riche. D'où les
détails dans lesquels nous sommes entrés.

«Distiques de Caton» ou les «Dits des hommes sages et doctes» avec
l'explication française. Chaque élève devra s'habituer non seulement à
décliner les noms et à conjuguer les verbes à haute voix devant ses condisciples, mais aussi à écrire ses leçons. Les élèves resteront dans cette
classe jusqu'à ce qu'ils sachent suivre une dictée du professeur. Tous les
jours, ils devront apprendre quelque chose par cœur.

CINQUIÈME.

Le régent de la cinquième classe expliquera celles des lettres familières
de C' 'ron qui sont le plus faciles, ou quelque autre texte analogue. Il
aura soin de leur faire apprendre par cœur ce qu'il aura expliqué. Pour
qu'ils puissent s'exercer à imiter le style de l'auteur latin, il leur donnera
des thèmes à faire. Le matin et le soir, les élèves s'occuperont de l'inter-
prétation de l'auteur et des règles de grammaire; à midi, de la répétition des leçons et des exercices de style.

thoris et explicationi grammatices, meridianis repetitioni lectionùm et styli eorum animi vacabunt.

Ili tres ordines de fide rogati lingua vernacula respondebunt[1].

QUARTA CLASSIS.

Docebuntur in quarta classe epistolæ Ciceronis aut id genus quidvis abstrusiores, grammatices et syntaxeos regulæ : quantitates syllabarum. Terentius cum Epistolis Ovidii. Themata gallica ad authoris imitationem, in latinam linguam traducenda proponentur. Loqui latinè assuefiat juventus. Legetur illi Alphabetum Græcum. Monebuntur catechismum Latinum ediscere quo eadem lingua rogatis respondere sit facilius.

TERTIA CLASSIS.

Tertiæ classis hypodidascalus Ciceronis Officia, Cæsaris Commentarios, Justini Historiam; ex Poetis Vergilium, Ovidii Libros de Tristibus

[1] On se servait du *Catéchisme* de Calvin, dont on avait des éditions bilingues et qui fut même traduit en béarnais (Orthez, Rabier, 1583) et en basque (*France prot.*, t. III, p. 578). Et comment ne pas signaler ici cette lacune étonnante du *Répertoire des ouvrages pédagogiques du xvi* siècle*, qui ne mentionne point le *Catéchisme* de Calvin, lequel «a été réimprimé des centaines de fois dans tous les textes et dans tous les formats», et traduit en douze ou quinze langues (*France prot.*, ibid.)? Il est bien peu d'ouvrages qui aient eu une influence pédagogique comparable. Aurait-on craint qu'il ne fallût lui consacrer un trop grand nombre de pages?

Les élèves des trois classes ci-dessus réciteront le catéchisme en français.

QUATRIÈME.

En quatrième, on lira des lettres plus difficiles de Cicéron ou tels autres textes du même genre. On apprendra les règles de grammaire et de syntaxe, et la quantité des syllabes. On lira aussi Térence et les lettres d'Ovide. On donnera aux élèves des thèmes latins d'imitation. On les habituera à parler latin. On leur enseignera l'alphabet grec. Enfin ils apprendront le catéchisme en latin, pour pouvoir plus facilement répondre en cette langue.

TROISIÈME.

Le régent de troisième expliquera les Offices de Cicéron, les Commentaires de César et l'Histoire de Justin; en fait de poètes, Virgile et le *De*

aut de Ponto, syllabarum quantitatem, rudimenta linguæ græcæ et Grammaticam ipsam explicabit et alia id genus, modo ne captum auditorum exuperent, exercitationem in prosa oratione et in carminibus conscribendis requiret.

SECUNDA CLASSIS.

Secundi ordinis doctor ex Latinis Ciceronis Partitiones Librum ad Herenium, Orationes ejusdem, Livii Historiam, Vergilii, Horatii, Lucani et Bucanani [1] opera, Ovidii Metamorphosim, et alia ejusmodi explicabit. Ex Græcis, Platonis faciliores libros, Isocratem, Cebetis Tabulam, Æsopi Fabulas, aliosque id genus. Pro themate argumenta solum proponentur ex quibus, aut carmen, aut oratio, aut epistola construi possit. Explicabuntur etiam discipulis non Rhetorices modo sed et dialectices rudimenta.

[1] Georges Buchanan, Écossais (1506-1582), que Bayle appelle «l'un des plus grands poëtes latins du xvi° siècle» (*Dict. hist.*, t. I", p. 686, édit. 1730). Il s'agit ici, évidemment, de ses *Poemata*. Ils comprennent, outre le *Franciscanus* et la *Palinodia*, des *Elegiæ*, des *Sylvæ* et des *Epigrammata*. Nous ignorons en quelle année les *Georgii Buchanani Scoti Poemata* parurent en recueil pour la première fois. En tout cas, ils parurent à la suite de la deuxième édition (sans compter l'édition clandestine, dite *à la tête de mort*) des *Theodori Bezæ Vezelii Poemata*, donnée par Henri Estienne : S. l. anno M D LXIX, *Excudebat Henr. Stephanus*, in-12. Ils ont une pagination séparée et remplissent 133 pages.

Tristibus ou le *De Ponto* d'Ovide. Il enseignera la quantité des syllabes, les rudiments du grec, la grammaire grecque et autres choses semblables, en ayant soin, toutefois, de ne pas dépasser la portée de ses élèves.

Il exercera ses élèves à s'exprimer en prose et à composer des vers.

SECONDE.

Le professeur de seconde expliquera les auteurs latins suivants : les *Partitiones* et les livres de rhétorique à Herennius, de Cicéron, Tite-Live, Virgile, Horace, Lucain, les œuvres de Buchanan, les Métamorphoses d'Ovide et autres auteurs analogues. En fait d'auteurs grecs : les livres les plus faciles de Platon, Isocrate, le Tableau de Cébès, les Fables d'Ésope et autres ouvrages du même genre. Au lieu de thèmes, il donnera seulement une matière avec laquelle l'élève devra composer une pièce de vers, un discours ou une lettre. On enseignera en outre aux élèves les éléments de la rhétorique et de la dialectique.

4.

PRIMA CLASSIS.

Legatur primo ordini ex Latinis Cicero, Livius Salustius, Cæsar, Virgilius, Horatius, Juvenalis, Dialectica Rami, aut Rivii, aut Melanchthonis [1] aut tale quippiam. Ex Græcis, Isocrates, Xenophon, Plutarchus, Hesiodus, Theogites (*sic*) et artificii nichil in exponendo aut imitando prætermittere. In hoc classe græcè et latinè componere assiduè docebitur Juventus. Videbitur nequid minus casti et pii admittatur vel legatur.

LECTIONUM PUBLICARUM ORDO.

Professores Regii quinquies in hebdomada prælegent, habita temporis et loci ratione. Qui primus erit hora pomeridiana, alii reliquis horis prout Reip. feret commoditas. Philosophiæ sive artium professores iis ipsis horis quibus cæteri classium præfecti.

[1] Cf. *Répertoire des ouvrages pédagogiques du xvi* siècle, p. 540 et suiv., 566 et suiv., 435 et suiv.

PREMIÈRE.

En première classe, on lira, en fait d'auteurs latins, Cicéron, Tite-Live, Salluste, César, Virgile, Horace, Juvénal, la Dialectique de Ramus, ou celle de Rivius, ou celle de Mélanchthon, ou autres ouvrages du même genre. Comme auteurs grecs, Isocrate, Xénophon, Plutarque, Hésiode, Théognis, et on devra, en les expliquant ou en les imitant, ne rien négliger de ce qui concerne l'art du langage. Dans cette classe, les élèves seront exercés d'une manière continue à composer en grec et en latin. Le professeur aura soin de ne rien admettre ni expliquer, dans sa classe, qui laisse à désirer sous le rapport des mœurs ou de la piété.

L'ORDRE DES LEÇONS PUBLIQUES.

Les professeurs royaux feront leurs cours cinq fois par semaine, suivant la commodité des temps et des lieux. Le premier lira à 1 heure après midi, et les autres à d'autres heures, ainsi que l'intérêt commun le comportera. Les professeurs de philosophie, ou professeurs ès arts, liront aux mêmes heures que les autres régents des classes.

PROFESSOR GRÆCUS.

Linguæ græcæ professor ex Oratoribus Demosthenem et id genus reliquos. Ex Historicis, Thucididem, Arrianum, Appianum, Dionem, Plutarchum, Dionisium Halicarnasseum et Xenophontem. Ex Poëtis Homerum, Hesiodum, Euripidem, Sophoclem, Nicandrum. Ex Philosophis Platonem, Aristotelem, Theophrastum, Philonem. Ex Theologis Theodoretum, Synesium, Cyrillum, Chrisostomum, Basilium, Clementem Alexandrum (*sic*), Justinum martyrem interpretabitur : verborum instructione et Grammatica non contentus, artem Rhetoricam et dialecticam et sententiarum cognitionem requiret.

PROFESSOR THEOLOGUS.

Professor Théologus veteris et novi Testamenti scripturas suo quasque idiomate et diligentia tractaturus gremanam primum sententiam eliciet : summam totius lectionis facili distributione proponet : Hujus quamlibet partem sacræ scripturæ authoritate probabit. Interpretationes quotquot

---

CHAIRE DE GREC.

Le professeur de grec expliquera, en fait d'orateurs, Démosthène ou tout autre; en fait d'historiens, Thucydide, Arrien, Appien, Dion, Plutarque, Denys d'Halicarnasse et Xénophon; en fait de poètes, Homère, Hésiode, Euripide, Sophocle et Nicander; en fait de philosophes, Platon, Aristote, Théophraste et Philon; en fait de théologiens, Théodoret, Synésius, Cyrille, Chrysostome, Basile, Clément d'Alexandrie et Justin Martyr. Sans se borner à la disposition des mots et à la grammaire, il insistera sur la rhétorique et la dialectique, et sur l'étude de la pensée des auteurs.

CHAIRE DE THÉOLOGIE.

Le professeur de théologie devra exposer diligemment le Vieux et le Nouveau Testaments, chacun dans la langue où il a été écrit. Il s'efforcera d'en dégager le vrai sens et, dans un plan très net, il donnera le sommaire de toute sa leçon. Il appuiera chaque partie de sa leçon sur l'autorité de la Sainte Écriture. Viendront ensuite les interprétations con-

analogiam fidei sequentur minus tamen proprias modestè proferet. Objectis respondebit rationibus, vel ex scriptura sacra perperam detortis, vel ex humana mente desumptis. Locos communes eorumque usum explicabit. Publicè periculum faciet progressus auditorum proposita aliqua quæstione, summa lectionis capita discutere poterit. Unoquoque sabbato hora pomeridiana disputationes constituet propositis studioso quovis (*sic*) thesibus pro quibus propugnabit ille; actionem diriget : disceptationis moderator existet. Obscuriora explicabit; respondenti aut proponenti auxilium feret pro rei ratione, si abfuerit Theologus, præerit minister aliquis. Argumenta fient in modo et figura. A re aliena rejicientur. Nil non modeste fiet. In ejusmodi omnibus præcedet ministrorum verbi divini judicium.

HEBRÆUS PROFESSOR.

Professor hebræus hebraïce scripturam sacram tractabit, adjuncta assidua grammaticorum rudimentorum explicatione, omniaque ad scripturæ sacræ canonem digilenter referet.

---

formes à l'analogie de la foi, celles qui seront moins appropriées étant exposées avec plus de réserve. Il réfutera les objections qui proviennent de la Sainte Écriture détournée de son vrai sens, ou qui sont tirées de la raison humaine. Il expliquera les lieux communs et leur usage. Il fera l'épreuve publique des progrès de ses auditeurs, en leur proposant quelque question à traiter; notamment, il pourra mettre en discussion les points principaux de sa leçon. Chaque samedi, à 1 heure, il organisera des disputes publiques et indiquera à l'un de ses auditeurs les thèses qu'il devra défendre. Lui-même dirigera l'action. Il y aura un modérateur de la discussion. Il expliquera les points obscurs et, suivant les cas, aidera celui qui proposera ou celui qui répondra. Si le professeur en théologie est absent, un ministre quelconque présidera. Les arguments seront en mode et en figure. Les digressions seront écartées. Tout devra se passer avec ordre et convenance. Dans toutes les discussions de ce genre, le jugement des ministres de la parole de Dieu fera autorité.

CHAIRE D'HÉBREU.

Le professeur étudiera en hébreu (?) la Sainte Écriture. Il y joindra une explication constante des éléments de la grammaire hébraïque, et rapportera diligemment toutes choses au canon de la Sainte Écriture.

PHILOSOPHIÆ SIVE ARTIUM PROFESSORES DUO.

Philosophiæ sive artium Professores, prior, deinde hunc sequutus alter anno altero Porphyrium et Aristotelis Logicen prælegent ; postea ejusdem Physicen et τὰ μεταφυσικὰ poterunt et Ciceronem de finibus bonorum et malorum, vel Academicas ejusdem, vel Tusculanas. Sabbatis diebus singulis hora meridiana ad primam usque publicas quæstiones agitabunt Logici in Physicis et contra.

MATHEMATICUS PROFESSOR.

Professoris mathematici progressus ab Arithmetica ad Geometriam à Cosmographia ad Astronomiam erunt, prout docent Euclides, Proclus, Ptolemæus et Archimedes, cæterique ejusmodi.

MEDICUS PROFESSOR.

Medicinæ professione dignus judicabitur examine doctissimorum totius Provinciæ medicorum. Is Galenum, Hippocratem, Alexandrum Tralia-

---

CHAIRE DE PHILOSOPHIE OU ARTS.

Les deux professeurs de philosophie ou arts enseignent l'un après l'autre, dans un cours qui dure deux ans, d'abord Porphyre et la Logique d'Aristote, ensuite la physique et τὰ μεταφυσικὰ du même. De Cicéron, ils liront le *De finibus bonorum et malorum*, ou les Académiques, ou les Tusculanes. Tous les samedis, de midi à 1 heure, les physiciens et les logiciens auront entre eux des discussions publiques.

CHAIRE DE MATHÉMATIQUES.

Le professeur de mathématiques, dans ses leçons, ira de l'arithmétique à la géométrie et de la cosmographie à l'astronomie, comme l'enseignent Euclide, Proclus, Ptolémée, Archimède et autres auteurs.

CHAIRE DE MÉDECINE.

Celui qui, au jugement des médecins les plus doctes de la Souveraineté, en sera jugé digne, enseignera la médecine. Il expliquera, suivant

num, Paulum Æginetum, aliosque ejusmodi generis explicabit, prout auditorum feret capacitas. Curabit quanta poterit arte, et diligentia in prælegendo, vel Galenum ipsis imitandum proponere si fieri possit.

JURISPRUDENTIÆ PROFESSOR.

Qui electi fuerint, pares censebuntur Cancellarii, Regionum atque Senatus judicio quorum alter Justiniani Institutiones tyronibus : alter secundum Pandectarum volumen : deinde ab Infortiato ut aiunt, ad Novum Digestum aliosque ejusmodi ita tractabit, ut sublata omni curiositate, in artem prout fieri possit redigant [1].

[1] Tout ce paragraphe n'est pas très clair, et peut-être le copiste a-t-il mis inexactement la ponctuation, que nous reproduisons nous-même telle qu'il l'a mise. Voici, en tout cas, quelques indications sur le sens général, que M. le professeur A. Rivier, de Bruxelles, a bien voulu nous donner. Tout d'abord, les deux professeurs sont mis sur le même rang. Or, en général, le professeur de Pandectes était appelé *professor primarius*, avait le pas sur celui d'Institutes et de code, lisait aux bonnes heures, le matin, et était mieux payé. Les Pandectes comprenaient le *Digestum vetus*, livres I à XXIV, titre II, des Pandectes de Justinien ; l'*Infortiat*, livre XXIV, titre III, au livre XXXVIII ; le *Digestum novum*, livres XXXIX à L. Il paraît étrange, mais le texte est formel, qu'on ait commencé par l'Infortiat. Quant aux derniers mots : *in artem redigere*, ils indiquent une louable préoccupation du xvi° siècle, celle de faire un système, un corps de doctrine, par opposition aux commentateurs de la vieille école, lesquels se bornaient à commenter.

---

que la capacité des auditeurs le lui permettra, Galien, Hippocrate, Alexandre de Tralles, Paul Æginète et autres. Dans ses leçons, il mettra tout son art et tous ses soins à amener, s'il se peut, ses auditeurs à imiter Galien lui-même.

CHAIRE DE JURISPRUDENCE.

Les deux professeurs de droit élus sur l'avis du chancelier, des États et du Sénat (ecclésiastique) seront regardés comme égaux entre eux. L'un traitera les Institutes de Justinien pour les commençants ; l'autre le deuxième volume des Pandectes. Ensuite il passera de ce qu'on appelle l'*Infortiat* au *Digeste Nouveau* et autres ouvrages de ce genre, et il les expliquera de telle façon que ses auditeurs, laissant de côté toute curiosité vaine, en tirent, s'il se peut, un corps de doctrine.

Professores omnes, hypodidascali cum Gymnasiarcha fidei confessionem ut ministri, propria manu subscribent.

DE RECTORE.

Vir gravitate, modestia doctrinaque et religione insignis Calendis Martiis quotannis eligetur a ministris Academiæ et publicis Professoribus ex alterutris qui nequid in Academia delinquatur cavebit. Cessantes classium Præfectos, Gymnasiarcham, atque adeo Professores publicos in officio continebit, scolasticos in album studiorum referet, vitæ et doctrinæ testimonium petentibus studiosis, diligenti habita inquisitione tribuet. Contentiones si quæ orientur componet : prout res feret universam Academiam, vel ejus partem convocabit.

DE PROMOTIONIBUS.

Singulis annis Calendis Martiis et Septembribus fient promotiones; tribus ante hebdomadibus Professores omnes simul cum classium præ-

---

Tous les professeurs, tous les régents et le principal signeront de leur propre main, comme les ministres, la confession de foi.

DU RECTEUR.

Tous les ans, le 1er mars, les ministres de l'Académie et les professeurs publics choisiront parmi eux un homme remarquable par sa gravité, ses mœurs, sa science et sa piété, pour veiller à ce que rien ne pèche dans l'Académie. Il maintiendra dans le devoir, s'ils venaient à se relâcher, les régents, le principal et même les professeurs publics. Il tiendra à jour la liste des écoliers. Il donnera, après sérieuse enquête, les certificats de bonne vie et de savoir aux écoliers qui en feront la demande. Il réglera les différends, s'il en surgit, et convoquera, suivant les circonstances, le corps enseignant de l'Académie, soit tout entier, soit en partie.

DES PROMOTIONS.

Tous les ans, le 1er mars et le 1er septembre, il y aura des promotions. Trois semaines auparavant, tous les professeurs et régents auront une

fectis convenient : themata singulis classibus proponent : singulos examinabunt, sumpto à primis exordio. Tum nulla habita personarum ratione qui doctiores habiti fuerint Professorum et Gymnasiarchæ judicio, in Catalogum redigentur. Dum constituta tandem promotionum die, convocatis magistratibus, Rectore, ministris, Professoribus et proceribus urbis ad altiorem gradum provehantur et binis ex singulis classibus bina præmia proponantur, sive oratione vicerint, sive carmine.

Ea præmia omnium simul ordinum quinquaginta erunt librarum Turonensium regia liberalitate pro cujusque merito singulis promotionibus dividendarum.

Qui vicerint primo quoque tempore, aut oratiunculam, aut epistolam aut aliud quippiam in laudem atque gratiarum actionem Regiæ Majestatis componant : et si visum fuerit ad eam mittant.

Tum Universitatis leges prælegentur : atque authoritate Regia ab ipso Rectore commendabuntur. Schola vero si quid narratu dignum habuerit, oratione vel carmine proferet.

---

réunion. Ils donneront des compositions à toutes les classes l'une après l'autre, en commençant par les plus avancés. Puis, sans aucune acception de personnes, on fera une liste de ceux qui, au jugement des professeurs et du principal, se seront montrés les plus instruits. Enfin, au jour fixé pour les promotions, en présence des magistrats, du recteur, des ministres, des professeurs et des notabilités de la ville convoqués à cet effet, ils seront promus à une classe supérieure. De plus, dans chaque classe, il y aura deux prix décernés aux deux élèves qui auront fait les meilleures compositions en prose ou en vers.

Pour tous ces prix réunis, une somme de 5o livres tournois est donnée libéralement par Sa Majesté, pour être partagée à chaque promotion, suivant le mérite de chacun[1].

Les lauréats feront tout d'abord, pour louer et pour remercier Sa Majesté, ou un petit discours, ou une lettre, ou quelque composition analogue, qui lui sera envoyée, si on le juge convenable.

Ensuite les lois de l'Académie seront lues à haute voix et, au nom de Sa Majesté, le recteur en recommandera l'observation. En outre, s'il s'est passé dans l'école quelque chose qui mérite d'être raconté, on en fera l'objet d'un discours ou d'une pièce de vers.

[1] On a vu plus haut, tant pour la date des promotions que pour la somme consacrée aux prix, qu'il y eut dans la pratique quelques modifications.

Tandem vero gratiis actis ab eodem Rectore et peractis precibus finem facient.

Deest vacationum ordo.

LEGES SCHOLASTICÆ À D. GALASSIO RECTORE IN TEMPLO OMNIBUS SCHOLASTICIS PRÆLECTÆ ATQUE VERNACULA LINGUA EXPOSITÆ ET COMMENDATÆ, DIE SABBATI SUB HORAM QUARTAM POST PRECES POMERIDIANAS, 5. NON. JULII 1575.

DE IIS QUÆ DIEBUS DOMINICIS AGENDA ET OBSERVANDA ERUNT.

Dato primo signo sacræ concioni se pueri comparent, ut ad secundum adsint in aula omnes suo ordine et inde ad templum modeste et sine tumultu accedunto.

Sic quisque comparatus sit ut jentaculo domi sumpto, neque in via neque in templo neque in schola quicquam edat.

Omnes scholastici ut ferunt leges tum in templo tum in schola aut pallio aut toga induti conveniunto.

Enfin le recteur rendra grâces à Dieu et, la prière faite, lèvera la séance.

Ce qui concerne les vacances manque.

LOIS DU COLLÈGE, PUBLIQUEMENT LUES AU TEMPLE [DE LESCAR] DEVANT TOUS LES ÉLÈVES, PAR M. DES GALARS, RECTEUR, PUIS EXPOSÉES ET COMMENTÉES EN FRANÇAIS, LE SAMEDI, 3 JUILLET 1575, À 4 HEURES, APRÈS LES PRIÈRES DE L'APRÈS-MIDI.

CE QU'IL FAUT FAIRE ET OBSERVER LE DIMANCHE.

Au premier coup de cloche, les élèves doivent se préparer pour le service divin, de sorte qu'au second ils soient tous réunis et en rang dans la salle commune. De là ils se rendront au temple avec un maintien convenable et sans bruit.

Que chacun soit ainsi prêt, qu'après avoir déjeuné à la maison, il ne mange ni en route, ni au temple, ni au collège.

Tous les élèves, suivant le règlement, devront venir au temple ou à l'école revêtus du manteau ou de la robe.

Ne quis in tergum aut humerum pallium rejiciat id fibula aut uncino aut tenui loro adstrictum habeto.

Ut ad precandum et psallendum comparati sint, psalmos in manibus gerunto.

Singulæ classes templum ingrediuntor suo ordine : præcedat infima, reliquæ subsequantur.

Unaquæque classis in iis locis sedeat qui illi fuerint assignati, neque aliis permiscentor.

Qui ordines turbaverint pœnas danto.

Notatores prope adsunto, vigilanto observanto quid quisque egerit : immodestos, insolentes, dormientes in concione præceptori deferunto, et muneris sui rationem reddunto.

A concionibus sacris et catechismo nemo nisi facta à præceptore aut Gymnasiarcha idque ob necessariam causam potestate abesto.

Singulæ classes suo ordine respondento interrogationibus ex catechismo memoriter et distinctè uti præscriptum erit.

Qu'aucun ne rejette son manteau derrière lui ou sur l'épaule, mais qu'il soit attaché par une agrafe, un crochet ou de minces aiguillettes de cuir.

Afin d'être tout prêts pour suivre les prières et pour chanter, que tous aient leur psautier en main[1].

Chaque classe entrera dans le temple à son rang, en commençant par la plus basse.

Que les élèves s'asseyent à la place assignée à chaque classe, et que les classes ne soient point mêlées.

Ceux qui troubleront les rangs seront châtiés.

Que les notateurs se tiennent auprès des autres élèves, veillent sur chacun et observent ce qu'il fait. Ils déféreront au maître ceux qui auront manqué de tenue ou de respect, ou qui auront dormi au sermon, et rendront compte de leurs fonctions.

Que personne ne manque aux saintes assemblées, ou au catéchisme, sinon sur l'autorisation d'un régent ou du principal, et pour des motifs urgents.

Chaque classe, à son tour, répondra aux questions du catéchisme, de mémoire, distinctement et en se conformant à l'ordre qui sera fixé.

[1] Le psautier contenait, en effet, ce qu'on appelait la *Forme des prières ecclésiastiques*, c'est-à-dire les prières liturgiques. Il contenait en outre le catéchisme.

Habita concione ne repente, aut per tumultum, aut confusè ut solitum est, è templo egrediuntor sed Gymnasiarchæ jussum expectanto.

Si qua Baptismi administratio fiat, adsunto reverenter. Dein bini modestè quo ingressi sunt ordine egrediuntor.

Festis diebus antequam Gymnasiarcha ludendi licentiam dederit, in Gymnasio ne ludito.

QUÆ PROFESTIS DIEBUS AGENDA.

Profestis diebus horis præstitutis ad ludum literarium, ita induti libris, pennis et chartis instructi, ut scholasticos decet, mature accedunto.

Quò citius adsint, mane priore dato signo omnia necessaria comparanto, ut ad posterius omnes statim in auditorio conveniant, inde peractis precibus in classem quisque suam bini discedunto.

Ingredientibus atque egredientibus notator suus cuique classi adesto, qui omnia observet diligenter.

- -

Le sermon fini, les élèves ne sortiront pas tout d'un coup, en tumulte et sans ordre, comme ils le font d'habitude, mais ils attendront les ordres du principal.

S'il y a quelque baptême, ils assisteront avec respect à cette cérémonie. Puis ils sortiront deux par deux, avec une tenue convenable et dans le même ordre qu'à leur entrée.

Les jours fériés, les élèves ne joueront pas dans le collége, avant que le principal n'en ait donné la permission.

CE QU'IL FAUT FAIRE LES JOURS OUVRABLES.

Les jours ouvrables, que les élèves, vêtus et munis de livres, plumes et papier, comme il convient à des écoliers, arrivent de bonne heure.

Afin qu'ils arrivent plus aisément à temps, qu'ils préparent tout ce qui leur est nécessaire dès le premier coup de la cloche du matin, pour pouvoir au second se rendre dans l'auditoire et de là, la prière achevée, dans leurs classes respectives, en marchant deux par deux.

Quand ils entreront ou sortiront, que l'élève chargé de la surveillance (notateur) de chaque classe soit présent, pour tout observer avec soin.

Les leçons finies, les élèves ne devront pas courir dans le collège, ni

Peracta lectione ne discurrito per Gymnasium neve ludito, aut nugator in classibus, sed modestè egredientes bini domum revertuntor.

Hora undecima ad Musicam accedunto, ibique vitato omni strepitu et clamore modeste se gerunto : sed præsertim iis diebus quibus ludendi fit copia cantui psalmorum et harmoniæ studento.

Hora duodecima diebus Lunæ, Mercurii et Veneris item hora tertia singulis diebus e domo in classem pergunto.

Egressi e lectione pomeridiana in publicum auditorium ad gratias Deo agendas quo decet ordine redeunto.

Diebus Martis, ab hora prima usque ad secundam, Jovis et Sabbati ad tertiam usque ludendi potestas esto.

Dum habentur publicæ lectiones prope auditorium ne ludito.

Nullo præterquam exercitationis gratia ludo utitor neque in eo pecunia aut ullius rei lucro certator.

Inter ludendum neque jurgia, neque clamores excitanto.

In omnibus colloquiis atque etiam in ludo lingua latina, exceptis infimæ classis auditoribus omnes utuntor.

Nemini præscripta classe in aliam migrare nisi ex decreto Gymnasiarchæ fas esto.

---

jouer ou se dissiper dans les classes, mais sortir en bon ordre et rentrer chez eux deux par deux.

A 11 heures, les élèves viendront à la leçon de musique et, évitant le bruit et les cris, ils s'y conduiront convenablement. Surtout les jours fériés, ils pourront s'appliquer à étudier le chant des psaumes et l'harmonie.

A midi, les lundis, mercredis et vendredis ; à 3 heures, tous les jours, ils se rendront de chez eux en classe.

A la sortie de la leçon de l'après-midi, ils reviendront en ordre à la salle commune, pour rendre grâces à Dieu.

Les mardis, de 1 heure à 2, les jeudis et samedis, de 1 heure à 3, ils auront récréation.

Pendant les leçons publiques, on ne jouera pas près de l'auditoire.

Tous les jeux qui ne favorisent pas l'exercice corporel sont interdits, ainsi que ceux où l'on joue pour de l'argent ou tout autre gain.

Qu'on n'entende, dans les récréations, ni disputes, ni clameurs.

Dans toutes les conversations, et même en récréation, que tous les élèves, sauf ceux de la dernière classe, emploient le latin.

Il est défendu à aucun élève de passer de la classe qui lui a été assignée dans une autre, sans une décision du principal.

Non tantum in Gymnasio sed etiam domi et foris tum publicè, tum privatim omnia modestiæ signa exhibento.

DE OBSERVATORIBUS.

Ut contineantur in officio pueri et adolescentes non solum domi, sed etiam foris observatores duo è probioribus eligendi erunt quorum alter infimæ classi, alter reliquis præsit.

Horum munus erit observare quam modestè se quisque gerat dum è domo ad ludum accedit, aut domum è ludo revertitur; ut qui jurgia, rixas, aut clamores excitarint, qui nugantur in foro aut plateis, aut qui aliquid minus honestè fecerint, aut dixerint, notati ad præceptorem deferantur qui in eos, ut res postulat, animadvertet.

DE NOTATORE.

Ex singulis classibus unaquaque hebdomada eligitor qui excubias agat

---

Non seulement au collège, mais encore chez eux et dans la rue, en public ou en particulier, les élèves doivent se montrer de la plus parfaite convenance.

DES OBSERVATEURS.

Afin que les enfants et les jeunes gens soient maintenus dans le devoir, non seulement à la maison, mais aussi au dehors, on choisira deux des meilleurs élèves, pour être observateurs. L'un s'occupera de la plus basse classe ; l'autre, des autres.

Ils auront pour fonction d'observer la tenue de chaque élève, soit de chez lui au collège, soit du collège chez lui. S'il en est qui ont des disputes ou des rixes, ou qui poussent des cris, ou qui s'amusent sur la place ou dans les rues, ou qui, d'une manière générale, agissent ou parlent d'une manière répréhensible, ils seront notés et déférés au maître, qui les punira selon le cas.

DU NOTATEUR.

Chaque semaine et dans chaque classe, on élira celui qui devra exercer

idque munus alii etiam condiscipuli qui magis idonei erunt, arbitrio præceptoris per vices obeunto.

Hujus erit Catalogum describere, absentes notare et eos qui tardius ad scholam accedunt.

Idem describito eos qui vel in templo, vel in auditorio publico, vel in classe garriunt et vociferantur aut lasciviunt : aut denique indigni aliquid aut inhonestum admittunt.

Idem die Sabbati muneris sui rationem fideliter reddito.

Qui immodestius se in classe gesserint absente præceptore statim deserto.

DE DECURIONE.

Qui præcellet doctrina, is in classe sua decurio primus esto.

Hic observet decuriæ suæ auditores an structi pennis, charta, libris ad scholam accesserint.

Item libros eorum chartaceos perlustret, ac videat an superioris lectionis interpretationem exceperint : prætereà an contextum ad sequentem lectionem paratum et propria manu scriptum habeant.

---

la surveillance, et ceux de ses condisciples qui, au jugement du maître, y seront le plus aptes, exerceront ces fonctions à tour de rôle.

La charge du notateur sera de tenir la liste des élèves et d'inscrire les absents ou les retardataires.

Il doit, de plus, inscrire ceux qui, au temple, dans l'auditoire public ou en classe, bavardent, crient ou se dissipent; ou, enfin, qui font quelque chose de contraire aux convenances ou de déshonnête.

Chaque samedi, le notateur rendra un compte fidèle de sa charge.

Quant aux élèves qui, en l'absence du professeur, auront fait quelque chose d'inconvenant, ils seront ensuite déférés au maître.

DU DIZAINIER.

L'élève qui se distinguera le plus dans sa classe en sera le premier dizainier.

Il veillera à ce que les élèves de sa dizaine ne viennent pas au collège sans plumes, papiers et livres.

Il parcourra leurs cahiers et verra si l'explication de la leçon précédente a été recueillie; puis, si le texte de la suivante a été préparé et écrit de leur propre main.

Idem colligito themata aut versiones cæteraque alia quæ præceptori ex scripto reddenda erunt : eique in manum connexa tradito, prius nominatis iis qui hoc in parte officio suo defuerint.

Ut singuli repetendis lectionibus librum in manu habeant diligenter curato.

Notator et decurio primus conferant operas aliique alios adjuvanto.

Cæteri decuriones in suis decuriis idem munus præstanto.

Qui negligenter aut infideliter versati fuerint in suo munere, pœnas danto.

QUÆDAM LEGES OMNI DILIGENTIA OBSERVANDÆ.

Quicquid amissum fuerit si reperias ad Gymnasiarcham statim deferto.

Sicam aut pugionem ne gerito.

Ad fluvium natandi causa ne accedito.

In secessibus qui ludent aut nugabuntur aut plus quam par est commorabuntur pœnas danto.

Lui encore recueillera les thèmes, les versions et autres devoirs écrits à remettre au professeur ; il les lui remettra réunis, après avoir préalablement nommé ceux qui auront négligé, à cet égard, de remplir leur devoir.

Il veillera avec soin à ce que chacun ait son livre en main, lorsqu'on revient sur les leçons précédentes.

Le notateur et le premier dizainier combineront leurs efforts et se prêteront une aide réciproque.

Les autres dizainiers rempliront le même office dans leurs dizaines.

Ceux d'entre eux qui ne se seront pas acquittés de leur charge avec assez de soin ou de fidélité seront punis.

QUELQUES RÈGLES À OBSERVER AVEC LE PLUS GRAND SOIN.

Si l'on trouve quelque objet perdu, qu'il soit rapporté de suite au principal.

Que personne ne porte de stylet, ni de poignard.

Il est interdit d'aller se baigner dans la rivière [1].

Ceux qui jouent ou s'amusent dans les cabinets, ou y restent plus longtemps que de raison, seront punis.

[1] Il s'agit du Gave, fort dangereux à certains endroits, notamment dans les environs d'Orthez.

Qui libros suos, thecas, cingula, aut alias ejusmodi res vendiderint aut alienaverint, quive scholasticorum ejusmodi commercici exercuerint aut iis consenserint graviter puniuntor.

LEGES SCHOLASTICORUM QUI STUDIOSI ARTIUM QUIQUE PUBLICI VOCANTUR AUDITORES.

Nemini eorum liceat egredi è collegio absque commeatu Gymnasiarchæ, vel Præsidis sub quorum manu et disciplina sunt.

Non minus adstringentur ad observationem linguæ latinæ quam alii inferiorum ordinum Scholastici.

Aderunt concioni, Catechismo, Propositioni et præcibus publicis in Aula et templo unà cum cæteris servantes suum ordinem et zona cincti.

Seront châtiés sévèrement les écoliers qui auront vendu ou aliéné leurs livres, leurs sacs, leurs ceintures ou autres objets analogues; qui auront fait un commerce quelconque ou qui s'y seront prêtés.

RÈGLEMENTS POUR LES ÉTUDIANTS ÈS ARTS NOMMÉS AUSSI AUDITEURS PUBLICS.

Qu'aucun d'eux ne sorte du collège sans la permission du principal ou du professeur chargé de les diriger et de les instruire.

Ils ne seront pas moins astreints que les écoliers des classes inférieures à l'usage de la langue latine.

Ils assisteront au sermon, au catéchisme, à l'exhortation et aux prières publiques, soit dans la salle commune, soit dans le temple, avec tous les autres élèves; ils conserveront leurs rangs et auront leur ceinture.

EXTRAIT DU REGISTRE DES ORDONNANCES DE 1577.

Ce qui a esté recueilli de plus notable et digne pour estre rédigé par escript, au discours de la procédure faicte sur la réformation et reiglement de la Justice, des finances ecclésiastiques, ordre requis au Collège et Université de Orthès [1] en vertu de la commission du Roy en date, à Nérac, le dernier jour d'octobre l'an mil cinq cens soixante dix et sept addressée aux sieurs de Gratenx, Chancellier de Sa Majesté, d'Arros, de Benac, de Sales, de Caza, de Tisnes, de Gillot, de Casanave et de Garros.

2. Premièrement les loix cy devant faictes par la feue Royne sur le reiglement dudict Collège et ordonnances faictes par l'advis des Recteur, Principal et Professeurs dudict Collège seront inviolablement observées.

3. Ledict Collège sera par chasqu'un moys visité pour adviser tant à l'ordre et discipline requise en ycelluy qu'au traictement des enfantz qui y sont entretenus. A laquelle visite sont deputez le Pasteur de ladicte ville, le Recteur de l'Université, le Professeur en théologie, ung des Jurats de lad. ville, un des médecins et le Cirurgien dudict Collège. Oultre laquelle visite de chasqu'un moys en sera faicte autre de trois en trois moys à commancer le premier de Janvier prochain 1578 par deux des Sieurs du Conseil ordinaire et un des gens du Roy et par tour, et les susd. deputez sans qu'aucun deux prenne aucun salaire, vaccation ou deffroy.

4. Le Pasteur et Professeur susd. prandront garde de près sur tout l'ordre des leçons le plus diligemment que faire ce pourra, et à ce que les enfans soyent diligemment instruictz tant en bonnes mœurs qu'en discipline des lettres. Et que le Principal, Professeurs et Régentz s'acquittent entièrement de leur devoir.

5. Aussi les susd. et led. Jurat prandront garde sur la nor-

[1] Nous n'avons pas besoin de rappeler qu'en 1577, le collège était à Lescar et que c'est une erreur du copiste. Elle a passé inaperçue parce qu'en 1580, lorsque la copie fut faite, le collège était revenu à Orthez.

riture et vestemens des enfans, verront comme ils sont traictés en leur repas, couches, entretenuz et subvenus en leurs necessitez. Et ce pour obvier à toutes plaintes et murmures, mesmes des enfans qui de craincte ne s'oseroyent plaindre.

6. Pour faire lad. visite lesditz Recteur, Professeur et Jurat, Médecin et Cirurgien choisiront le jour et heure qu'ils verront estre plus propre de chasqu'un moys.

7. Aussi seront [1] leurs charges distinctes pour s'en acquiter plus aysément, ils ne lairront de prendre garde l'un pour l'autre et de s'entr'advertir de (ce) qu'ils coignoistront défaillir et estantz ausd. fins assemblés adviseront et consulteront entr'eux de tout ce qu'ils verront estre nécessaire et mesme en faictz d'importance donneront advertissement au Roy, en son absence à son Lieutenant général ou autre par Sa Majesté commis.

8. Par lesditz deputez l'insolence des grands escholiers, mesmes de ceux qui se licentient d'aller à la chasse, aux jardins et aux jeux sera réprimée par telles peines et chastiementz que lesd. députez adviseront selon la qualité du délicte.

9. Le semblable sera observé contre les escholiers qui porteront armes, soit dague, poignard ou espée. Et venans au collège les escholiers qui auront telles armes les mettront entre les mains du Principal ou Régentz qui les aura en charge ou bien de leur hoste qui en respondra s'ils demeurent en la ville.

10. Aussi lesdictz deputez tiendront main que les Régentz et Escholiers soyent en habit decent à gens de lettres sans être dechiquetés, bigarrez ni balaffrés. Et sur tout les Régentz pour servir de bon exemple à leurs disciples.

11. Lesditz deputez feront venir par devers eux les Pédagogues et toutz autres qui tiennent enfans hors du Collège aux pensions ausquels sera enjoinct de tenir l'œuil de près sur les enfans qu'ils ont chés eux, et ne leur permettre de se desbaucher et ce sur telle peine qu'il sera advisé.

[1] Au-dessus est écrit : Ayans aussi.

12. Tous les Professeurs, Régentz, Pédagogues et Escholiers soyt qu'ilz demeurent dans ledict Collège ou dehors seront assujettis à la mesme discipline que celle qui est gardée au Collège. Et n'useront point de ce prétexte que leurs parentz ne les tiennent que pour apprandre à escripre et non pour estudier. Autrement qu'ils soyent renvoyés à leurs maysons affin que par leur mauvais exemple les autres ne soyent desbauchés.

13. Les leçons du Collège commanceront aux heures assignées, et pour ce faire la cloche sonnera demy heure devant le second affin que les Régents et Escholiers se trouvent presls pour commancer incontinent que l'heure sonnera.

14. Les auditeurs des leçons publicques feront preuve tous les moys du profit et avancement qu'ils auront faict, et ce par exercice de quelques leçons et déclamatious, ainsy qu'il leur sera enjoint par les Recteur, Principal et Professeurs.

15. Et affin qu'il s'exercent es langues tant par escript que de bouche auront leçons ordinaires en Latin, Grec et Hébreu.

16. Pour ce faire l'un des Professeurs publicques lira en latin et les exercera en la Rhétorique et art Oratoire, les faysant déclamer le plus souvent que faire se pourra. L'autre lira en la langue grecque les faysant composer et exercer en lad. langue et une foys l'an lira la Grammaire. Le Professeur Hébreu pareillement tant les rudimentz de la Grammaire Hébraïque que les propriétés de la langue pour parvenir au vray sens de la saincte escripture.

Et chascun desditz Professeurs lira deux heures le jour et une desdictes heures un autheur, et en l'autre heure la Grammaire et autres choses faciles.

17. Quand il faudra entrer en la lecture et exposition de quelque nouveau livre soyt en classe ou ès leçons publiques, il en sera communiqué au Recteur et aux Professeurs pour adviser à ce qui sera plus expédient et profitable, et ne sera permis à aucun Professeur, Régent ou Pédagogue de faire leçons particulières en classe ny en chambre.

18. Tant qu'il y aura commodité de logis dans led. Collège, les Professeurs et Régentz non mariez logeront en icelluy, et tant eux que tous enfans logés dans ledict Collège seront nourris à la despanse de l'OEconome et proviseur.

19. Ladicte despanse desdictz Professeurs, Régentz et enfans sera par lesdictz députez taxée chascun an le premier de Janvier, et d'ycelle convenu et accordé avec ledict OEconome et proviseur eu esgard au prix et valeur des vivres, et ce par l'advis de ceux que lesd. députez adviseront.

20. Lesdicts députés samblablement accorderont avec le Principal, Professeurs et Régentz de ce que leurs enfans oultre leur dicte despense auront à payer audict principal, Professeurs et Régentz qui les tiendront en leurs chambres.

21. Tant ledict Collège que mayson qui soloyt estre tenue par l'Évesque (que la?) couverture du temple sera réparée. À ces fins a esté pour ceste année ordonnée la somme de mille livres tournoyses, oultre ce que Maistre Jehan du Bordieu pourra avoir de reste des sommes lesquelles il a reçeu pour lesd. réparations.

22. Et audict Collège sera faicte une porte en tel endroict qu'on advisera le plus propre et commode sans qu'il y demeure autre ouverture pour y entrer et sortir.

23. À ladicte porte sera mis un portier qui sçaura escripre, lequel ne laissera entrer ou sortir sinon ceux qui luy sera permis. Et ledict portier sera nourry et entretenu aux despens dudict Principal. Et pour ceste rayson ledict principal prendra chascun moys des enfans qui seront logez hors du Collège deux soulz tournois pour le droict de la porte.

24. Le Libraire agagé des deniers de l'Église sera demeure en ladicte ville pour le moins en tous cas y tiendra boutique ouverte près ladicte porte du Collège et sera fourny de livres propres et nécessaires à toutz et singulièrement à la jeunesse.

25. Audict Collège en l'endroict et part qu'il sera advisé par lesdictz députez sera dressée une bibliothèque et pour commencement d'ycelle seront prins et transportés les livres de long temps acheptez des héritiers de feu Monsieur de Viret.

26. Pour l'entretenement des classes, et attandant qu'on ait recouvré Régentz comme il soit besoing lesd. classes estre entretenues y ayant plus grand nombre d'Escholiers propres d'estre enseignez tant aux classes qu'ès leçons publiques, les Professeurs qui sont maintenant au Collège seront rangés aux classes qui ne seront fournies de Régentz tels qu'il est besoing sans toutesfoys que lesdicts Professeurs en soyent payés à moindres gages que ceux qui leur ont esté ordonnés.

DE L'ORDRE DES VACCATIONS.

27. Vaccations seront données deux foys l'année durant lesquelles les leçons cesseront à sçavoir d'après les promotions qui se feront le premier et le vingt trois de Martz et lesdictes vaccations dureront jusqu'au premier d'apuril. L'autre promotion se fera le premier d'Octobre et les vaccations dureront jusques au vingtième dudict Moys.

28. Ceux qui ne se trouveront au commancement des leçons qui se feront après lesdictes vaccations et demeureront plus long temps dehors que le temps præfix seront chastiés et s'ils sont pensionnaires ou presentez par les patrons seront mulctés sur leurs pensions de tout, sinon qu'ils eussent légitime excuse.

29. Les parentz seront advertis de n'envoyer point à quérir leurs enfantz avant lesdictes promotions ny hors le susd. temps des vaccations : aussy de ne les retenir plus longuement que le temps préfix pour les randre au Collège le jour assigné.

30. S'il eschet quelque prix à celluy qui se trouvera absent le jour des promotions il en sera privé et oultre selon la circunstance et démérite en sera chastié.

Faict et arresté au Conseil privé du Roy tenu par lesdictz sieurs de Glateux (sic) Chancellier, d'Arros, de Benac, de Sales, de Caza, de Tisnés, de Gilot, de Casanave et de Garros. A Pau le douxième de Novembre l'an mil cinq cens soixante dix et sept.

Extrait du Registre des ordonnances faictes par lesdictz Sieurs.

Le Recteur, Principal, et Professeurs du Collège feront les admonitions aux Régentz et autres personnes du Collège ainsin qu'ilz verront estre (bon ?) de faire comme ils avoyent cy-devant accostumé.

Le Principal aura authorité telle qu'il luy appartient tant sur les Régentz aux artz que sur les Régentz en Grammaire en sorte qu'il ne luy soit rien diminué. Et se conduira en sa charge par l'advis des Recteur et Professeurs en sorte qu'il ne soyt rien de nouveau entreprins sans leur advis n'y mesme par les Professeurs sans l'avoir communiqué à la compaign[i]e. Faict en Synode le dix septième de Juin 1580. Monseigneur de Saint-Genès. Nicolas des Galars esleu pour conduire l'action du Synode. Solon conducteur avec le susd.

Pour certaines et grandes considérations a esté trouvé bon et nécessaire que le reiglement cy-dessus extraict de l'original dressé par led. sinode touchant la conduicte et gouvernement de l'Académie seroit signé par forme d'approbation non seulement par Monsieur le Recteur mais aussi par Messieurs les principal, professeurs et régents pour estre gardé et pratiqué de point en point suyvant l'intention dudict synode. Faict en l'assemblée collégiale tenue à Orthès ce 28e jour de juillet 1580.

Veu par

Segur Pardeilhan.

APPENDICE.

ÉDIT

ÉRIGEANT L'ACADÉMIE D'ORTHEZ EN UNIVERSITÉ.

(1ᵉʳ septembre 1583.)

Henricus Dei Gratia Navarræ Rex, Bearni supremus Dominus, Dux Vendocinensis, Belmontinensis, Albretensis, etc., comes Foxensis, Bigorrensis, Rutenensis, Marlensis, Petragoriensis, etc. Vicecomes Lemovicensis, Marsansis, Gavardansis, Nebousansis, Lautrecus, Villemuriensis, Alliasi, Maremnensis, etc. Primus Franciae par, primusque regii sanguinis princeps, universis et singulis presentibus et futuris hasce inspecturis et audituris salutem. Cum nobis nihil sit antiquius, nihilque magis in votis habeamus ex quo nos ad regni solium errexit Deus, quam ut totis nostris viribus et opibus pietatem veram, quæ nobis summe cordi est promovere possimus, et bonas litteras ubique fovere, et magis ac magis earum studia cum ipsa pietate excitare, tum majorum nostrorum exemplis, tum etiam insito quodam nobis illarum amore ab ipsa natura hoc est nostri omnium parente deo, hocce nostro diplomate regio significamus, nos ex summa illa animi nostri propensione ac sponte propria quadam, deinde vero etiam a dilectis nostris in Christo rectore, gymnasiarcha et professoribus regiæ nostræ academiæ, jam nunc et olim Orthesii institutæ (nec non collegii etiam regii) rogatos jus omne illi nostræ academiae, illique nostro collegio, concessisse, quale solet ab omnibus christianis principibus concedi suis, nimirum ut iisdem privilegiis ac immunitatibus utantur, fruantur, adeoque ob id illis hoc nostro diplomate caveri jubemus, ne quis contra in posterum tentare ausit, in eosve aggredi, ac studio veluti turbare, quin etiam ut melius, ac ordine omnia fiant, quando quidem leges suas abs Regina beatae memoriae matre nostra illis latas jam confirmamus, hoc insuper etiam addimus ut jus illis sit suos creare deinceps baccalaureos, licentiatos, doctores denique ac professores in unaquaque facultate, præsertim sacra theologia cum summa cautione, sed et aliarum quoque facultatum, uti fieri par est, omnium idque sine ullis impensis ad honores et gradus illos suos obtinendos in academia nostra ratione facultatum pro qualitate ac conditione personarum. Quocirca eidem nostræ academiæ jus cancellariæ potestatis cum sigillis tribuimus, quo hæc post modum toti Bearnio edicant perque gentium suarum veluti centurias ac tanquam tribus et familias dividant, hoc servato ordine ut Bearnica nostra gens reliquas honore hoc antecedat. Si quidem æquum esse, ac omnibus ita probatum iri judicamus. Cæterum fiant a singulis gradatim, et repetitiones, et examen, tam simplex quam cum rigore : nequis dolus in eo committatur, habeantque singulæ suos patronos ac procuratores exque professoribus semper unusquispiam Decani nomine ac titulo pro dignitate sua et sapientiæ merito ac ætatis eligatur, qui facultatis ipsius limites aliis velut prefigat, eosque in officio omni modo contineat, iis etiam suos grafiarios et amanuenses, lictores atque ante-ambulones clavatos addi volumus pari jure, nec non typographum vel typographos cum operis necessariis ad ea nostro nomine excudita, quæ proferet studiorum fructus quantum satis esse rectori et gymnasiarchæ supradictis videbitur. Ne quid ornamento illi nostræ Academiæ deesse possit, omnibus porro typographis aliis et librariis, ut tuto in hanc nostram Academiam regiam et collegium nostrum cummigrare, commorari, excudere ac promereri possint servatis legibus pietatis et justitiæ, denique jura illis omnia promittimus quæcumque ab aliis bonis principibus expectent aut sperent fide nostra publica in hoc diplomate nostro regio interposita; nec minus bibliothecam nostram regiam illic omni scriptorum omnium genere in omnibus linguis et scientiis et artibus optamus instrui ac præcipimus districte in illam comportari ut quotannis sumptibus nostris in studiosorum usum magnifice novis omnibus auctoribus in lucem editis sub perpetua gymnasiarchæ supradicti custodia, locupletetur. Hæc mandamus ac sancimus ex regia nostra gratia et speciali privilegio atque pleno majestatis ac dominationis nostrae imperio, quod bene vertat Deus in sui nominis gloriam et Ecclesiæ sanctioris ac catholicæ[1] ædificationem. Atque ut hæc omnibus innotescant, latino idiomate publicari curavimus adeoque Bearnico nostro sermone, nec non gallico mandamus explicari ac typis in vulgus edi, id rati melius fore nec non mandamus ac præcipimus nostris dilectis ac fidelibus consiliariis in summa nostra curia Palensi, et magistris rationum, item dilecto nostro seneschalco aut ejus subpræfecto, juratis consulibus, executoribus et aliis omnibus quibus justitiæ cura demandata est, et juris dicendi incumbit onus, ad quoscumque pertinere possit, ut hoc nostrum Regium Diploma jubeant coram se publicari, ac in acta referri, et ipsos Rectorem, Gymnasiarcham, professores ac doctores regios et classiarios, contentis in eodem uti, frui, adeoque academiam ipsam, remotis omnibus impedimentis et obstaculis quæcumque id impedire vel turbare possent nec obstantibus omnibus aliis legibus, statutis quibuscumque consuetudinibus aut litteris quae nostro diplomati adversari viderentur, ita enim nobis placuit et in perpetuum statuimus. Horum autem ut certiores omnes fiant atque hæc perpetuo ac sine ullo impedimento durent ac firma sint, jussimus huic nostro diplomati propria manu subsignato nostrum majus sigillum in confirmationem adhiberi.

Datum Pali Bearniæ, mense septembris anno salutis millesimo quingentesimo octuagesimo tertio, Regni nostri duodecimo.

Lecta publicata et registrata in judicio consentiente et requirente procuratore generali regis, die vigesimo primo septembris anno Domini millesimo quingentesimo octuagesimo tertio[2].

[1] Cette expression, si elle figurait réellement dans le texte (ce qui nous paraît fort improbable, tant elle est étrangère au style des réformés, mais ce que nous n'avons pu vérifier, l'original ayant disparu), doit être en tout cas prise dans le sens général d'*universelle*, et non dans le sens restreint. Il ne sera pas inutile de dire ici que nous n'avons qu'une copie de l'édit de 1583, faite par Dom Tapie, barnabite de Lescar, en 1629, c'est-à-dire neuf ans après la supression de l'Université et en pleine réaction catholique.

[2] Coudirolle, p. 73; Planté. p. 127.

LISTE

DES PROFESSEURS ET RÉGENTS CONNUS DE L'ACADÉMIE
ET UNIVERSITÉ DU BÉARN.

———

Nous donnons cette liste d'après celles de MM. Coudirolle et Planté en cherchant à combiner les dates qu'ils indiquent. Nous voudrions le tout plus complet et plus exact. Malheureusement les documents qui leur ont été accessibles ainsi qu'à nous n'ont pas permis de faire mieux. Ce qui est certain, c'est que tous ceux dont les noms sont indiqués ont enseigné dans l'Académie et Université du Béarn, et, en second lieu, que si les dates données ne sauraient avoir la prétention de fixer la durée même de leur professorat, elles peuvent du moins servir à déterminer l'époque durant laquelle il a été exercé. Nous n'avons pas cru devoir ajouter de renseignements biographiques, parce que cela nous aurait entraîné trop loin pour les uns, tandis que pour les autres (les régents en particulier), nous n'en aurions eu aucun ou à peu près. En ce qui concerne les recteurs, professeurs et principaux, on consultera utilement *la France protestante*. M. Coudirolle (*Étude*, etc., p. 84-89) a donné une assez longue liste d'étudiants ou élèves. Il ne nous a pas semblé nécessaire de la reproduire et nous y renvoyons le lecteur.

Recteurs. — Nicolas des Gallars, sieur de Saules, 1571-1579; — Bernard, sieur de Melet, 1579-1591; — Jean Daliel, sieur de Sunharte, 1591-1620.

Principaux. — Solon, de Salettes, de Mesmes, du début à 1569; — Jean Ribit, dit de la Rivière, 1570-1574; — Robert Constantin, baron de Gimat, 1574-1580 (?); — Montambert, 1583-1585; — Alexandre Blair, 1591-1609; — Isaac Baldran, 1609-1614; — Pierre du Prat (ou Duprat) 1614-1620.

Théologie. — Pierre Viret, du début à 1571; — Nicolas des Gallars, 1571-1583; — Lambert Daneau, 1583-1593; — de Casenave (ou Casanave), 1593-1599;— Alexandre Blair, 1599-1609; — Paul Charles, 1609-1620.

Philosophie ou Arts. — Jacques (ou Étienne?) Trouillard, du début à 1579 (il était en même temps médecin du collège); — Bertrand de Lasserre, 1580 (?)-1599; — Gilbert Burnath (ou Burnata), 1591-1610; — Jean de Courtades, 1610-1620.

Grec. — Pierre de Marcillac, du début à 1569 (?); — Claude Lagrange, 1570-1579; — Pierre de Marcillac, 1580-1591; — Jean Daliel, 1591-1620 [1].

Hébreu. — Gratien ou Gratian de Saint-Gaudens (ou Goadains, ou même Centgoadins), du début à 1592 au moins, et peut-être jusqu'au commencement du xviie siècle; — Bernard (ou Arnaud) de Magendie, 1609-1620 [2].

Physique et médecine. — Pierre de Noguès (ou Noguez), médecin et «professeur de la théorie de phisique dépendant de la médecine», 1591-1617.

Mathématiques (en même temps qu'écriture). — Julien Potard, 1591-1617; — Arnaud Donez, 1617-1620.

Écriture (seulement?). — Gasnaud, Ganaud (ou Garrault), 1569-1579; — Marc d'Arnaud, 1579-1591 (?).

Musique. — Pierre et Philippe de Laage, du début à la fin, 1620 [3].

---

[1] Pierre de Marsillac (ou Marcillac) paraît avoir été professeur de grec à deux reprises. Il mourut en 1607, le 5 avril, à Orthez, et paraît avoir cessé d'enseigner lors des transferts à Lescar. *Jurade d'Orthez*, 6 avril 1607.

[2] M. Coudirolle cite, pour l'année 1587, Ph. Birgam comme professeur de langues orientales. Cela paraît être une erreur, car Gratien de Saint-Gaudens était certainement professeur d'hébreu à cette époque. A moins cependant qu'il ne faille supposer un court intérim. Cf. *France prot.*, 2e édit., t. II, p. 576.

[3] Il y a certainement eu deux de Laage. Pierre était peut-être le père de Philippe. On verra tout à l'heure que l'un d'eux était professeur de quatrième en même

Économes. — Archambaud de Colomiès, du début (?) à 1609; — Laborde, 1609-1620.

RÉGENTS.

Première. — Jean Ribit, dit de la Rivière, 1567-1569; — François de Moncaup, 1569-1582; — Augier, 1582-1589; — Jeannin (ou Flamin), «professeur de *rhétorique* ou *d'éloquence*», 1589-1617; — Dufaur, 1617-1620.

Seconde. — Pierre Sonys, du début à 1591; — Géronis (ou Jérémie) Malsousse, 1591-1613; — de Roze, 1617-1620.

Troisième. — Pierre Sossi, 1569-1581 (?); — H. Rouault (ou Roault), 1591-1601; — Noël de Saint-Léger, 1603-1620.

Quatrième. — Pierre Puyol (ou Puyou), 1569-1579; — Pierre Laralde, 1580-1582; — de Laage (en même temps que la musique), 1591-1609; — Joseph Belouet, 1611; — de Bonnet et Joseph Riclint, 1612-1620 (?) [1].

Cinquième. — Arnaud Sanseyts, 1569-1582 au moins; — Éliezer Cartier (ou Quartier), 1591-1620.

Sixième. — Arnaud Miramont, 1571-1579; — Sansot, 1581; — Arnaud Barroumères, 1611-1619.

Septième. — De Clavier (ou de Clamor), 1571-1581; — Cholet, 1588; — E. Barroumères, 1599 [2]; — Abraham Carrier, 1611-1613; — Minvielle, 1613 (?)-1620.

Huitième. — Taudin et de Fondères, avant 1591; — de Caubé, 1591-1609; — Cholet, 1609-1620.

temps que de musique. Ce devait être Philippe très probablement. Il y avait encore un autre de Laage nommé Daniel. En 1617, on fait une pension à sa veuve. Peut-être était-ce un frère de Philippe. Voir Couditolle, p. 82.

[1] De Bonnet et Joseph Riclint étaient en même temps professeurs de quatrième. M. Planté, p. 145, en donne la preuve formelle.

[2] M. Planté, p. 141, indique Gilbert Burnata ou Burnath comme professeur de septième entre 1591 et 1601. Cela paraît difficile puisqu'il était professeur de philosophie à ce moment-là.

Voici enfin, d'après la liste de M. Coudirolle, le nom de quelques régents dont la classe n'est pas indiquée.

Camgran, 1574; — Dufaur, 1617; — Dufraixe, 1611; — Jean Fauga, 1584; — Furtera, 1573; — Thomas Gauloy, 1613; — Jacmes, 1573; — Lacoste, 1611; — Bernard Lavigne, depuis avril 1574; — Pardies, 1611; — Pierre du Pont, professeur et chirurgien, 1613.

Un coup d'œil jeté sur cette longue liste de professeurs et de régents suffira sans doute à montrer l'inexactitude, peut-être malveillante des affirmations de Dom Léon Tapie, barnabite de Lescar, dans une lettre conservée aux Archives des Basses-Pyrénées et jointe à une copie faite en 1629 de l'édit (ci-dessus) de septembre 1583 (série D 1). Après avoir dit que dans l'Université de Béarn «l'on enseignait toutes les sciences», Dom Tapie ajoute que les professeurs étaient Allemands ou Suédois et qu'ils quittèrent la province à la conversion de Henri IV, et lors du rétablissement de la religion catholique dans douze paroisses (*Inventaire sommaire*, série D, p. 1). Il était difficile d'accumuler plus d'erreurs en moins de mots.